Aoyama Accounting Review

青山アカウンティング・レビュー

収益の認識
わが国における会計人材の養成と高等教育の在り方

第8号 Vol.8
2018

Contents

『青山アカウンティング・レビュー』第8号
Aoyama Accounting Review : AAR vol.8

第8号テーマ
収益の認識
わが国における会計人材の養成と高等教育の在り方

4 ■ 巻頭言 「考える会計学」
青山学院大学大学院会計プロフェッション研究科長・教授
小西 範幸

特集Ⅰ 対談
収益の認識 －何が変わって、何が変わらないのか－

7 企業会計基準委員会 委員長　　青山学院大学大学院会計プロフェッション研究科 教授
小野 行雄　　VS.　　橋本 尚

特集Ⅱ
『収益認識に関する基準』を考える

28 収益認識パターンの区分 －ライセンス供与の位置づけ
早稲田大学大学院会計研究科 教授　秋葉 賢一

34 収益認識に関する会計基準における工事進行基準の理論的説明の合理性について
立教大学 名誉教授　倉田 幸路

40 収益認識実務の変化と会計基準の体系を支える基本概念
東京大学大学院経済学研究科 教授　米山 正樹

46 収益認識会計基準と税法における年度帰属原則との接点と乖離
青山学院大学大学院会計プロフェッション研究科 教授　小林 裕明

52 収益認識会計基準と監査
EY新日本有限責任監査法人 シニアパートナー　公認会計士　會田 将之

特集Ⅲ
わが国の会計人材の養成を考える

58 会計人材養成のための会計教育の課題
関西大学会計専門職大学院 教授　柴 健次

63 会計大学院教育の過去・現在・未来
青山学院大学大学院会計プロフェッション研究科 准教授　久持 英司

特集 IV

わが国における会計人材の養成と高等教育の在り方
第16回 青山学院 会計サミット

第一部　基調講演　国際人材養成と教育について　　73
―IFRSに関与した経験に基づいて―
中央大学商学部 特任教授、公認会計士・監査審査会 委員　山田 辰己

第二部　　パネル討論会　　80

【コーディネータ】
青山学院大学大学院
会計プロフェッション研究科 教授
町田 祥弘

【パネリスト】
日本税理士会連合会 常務理事
近藤 雅人

日本公認会計士協会 副会長
高濱 滋

マネックスグループ株式会社
執行役、CEO
蓮尾 聡

関西学院大学大学院
経営戦略 研究科教授
山地 範明

中央大学商学部 特任教授、
公認会計士・監査審査会 委員
山田 辰己

（所属肩書は会計サミット当日）

Book Review

『IFRS教育の基礎研究』　　104
『IFRS教育の実践研究』
青山学院大学大学院会計プロフェッション研究科 教授
小倉 昇

『税理士のための百箇条―実務と判断の指針―』　　107
『続・税理士のための百箇条―実務と判断の指針―』
青山学院大学大学院会計プロフェッション研究科 教授
佐藤 正勝

Relay Essay

次代の会計プロフェッションへのメッセージ

「第四次産業革命に伴う働き方の変化」　　110
青山学院大学大学院会計プロフェッション研究科 准教授
山口 直也

「フィデューシャリーとしての自覚と誇りを」　　112
青山学院大学大学院会計プロフェッション研究科 教授
重田 麻紀子

巻頭言「考える会計学」

青山学院大学大学院会計プロフェッション研究科長・教授
小西　範幸

　本号では、収益の認識に関する2つの特集と「わが国における会計人材の養成と高等教育の在り方」をテーマとした第16回会計サミットを含む会計人教育に関する2つの特集を中心とした内容になっている。

　青山学院大学大学院会計プロフェッション研究科では、開設当初から、知識を蓄えるだけの会計学ではなく、自ら思考し、判断や分析ができる「考える会計学」を標榜している。そこで、「考える会計学」について、概念フレームワークと収益認識基準を通しての小考をもって、本号の巻頭言としたい。

　国際会計基準審議会（IASB）は、2018年3月29日に概念フレームワークを改訂した。概念フレームワークは、国際財務報告基準（IFRS）を設定する場合の共通の土台とIFRSの基本的な論拠を提供している。わが国では、企業会計基準委員会（ASBJ）が2018年3月30日に企業会計基準第29号「収益認識に関する会計基準」を公表している。これは、2014年5月に公表されている「顧客との契約から生じる収益」（IFRS 15）をコンバージェンスしたものであり、財サービスの提供という義務が果たされた時に収益を認識しようとする考え方を採用している。

　概念フレームワークは、財務報告に関する基本的な考え方や指針を提示する。そこでは、財務報告の目的が基礎をなし、その他の側面、例えば、報告主体の概念、有用な財務情報の質的特性および制約、財務諸表の構成要素、認識、測定、表示および開示などは、その目的から論理的に導かれる。このように、IASBは、演繹的アプローチを採用してIFRSを設定することで、IFRSに一貫性を持たせて、財務情報の利用者への有用な情報提供に役立たせている。

　適用できる会計基準がない場合には、概念フレームワークは、財務報告に関する新しい諸問題、あるいは緊急の諸問題を検討するための指針となることが可能である。それは、特定の取引または会計事象を対象とする会計基準を代替するものではないが、現行の会計基準および会計実務の将来の方向性を示していて、換言すれば、現行の会計基準および会計実務の課題を示唆している。

　概念フレームワークについて、注意を払わなければならないことがある。それは、概念フレームワークは、財務報告に関しての基本的な考え方の全てではないし、1つの会計理論との整合性を求めているわけではないことである。また、IASBの概念フレームワークから必ずしも現行のIFRSだけが導出されるとは限らず、別の一組の会計基準も考えられることである。

　わが国では、企業会計原則の損益計算書原則に、「売上高は、実現主義の原則に従い、商品等の販売又は役務の給付によって実現したものに限る」と示されてはいるが、収益認識に関する包括的な会計基準はこれまで開発されていなかった。そのため、IFRS 15をコンバージェンスした企業会計基準第29号および適用指針第30号「収益認識に関する会計基準の適用指針」を公表した。

　企業会計基準第29号では、収益認識を5つのス

テップに分けていて、それは、①契約の識別、②履行義務の識別、③取引価格の算定、④履行義務に対する取引価格の配分、⑤履行義務の充足による収益の認識である。5つのステップの其々に定められている具体的な要件を検討してみると、基本的な収益認識の考え方は、これまでの会計実務と大きく変わるものではないが、収益認識のタイミングや金額がこれまでのものと変わる可能性がある。履行義務とは、顧客に財サービスを移転する約束であり、履行義務の充足とは、顧客が財サービスに対する支配を獲得した時点である。

このように、従来の実現主義に代わって、企業会計基準第29号では、履行義務や支配の移転などの考え方が導入されているため、（借）売掛金××（貸）売上××という仕訳でさえも、会計従事者には新たな説明論理が要求されることになり得る。

わが国では、最近では、適用指針で例示された仕訳がそのまま標準型として、理論構築を十分に行わないままに普及することも少なくない。それは、会計実務や会計教育の側面からみても望ましくはない。例えば、適用指針第30号の例示にある返品権付販売では、返品の可能性のある金額を返金負債として売上収益から差引いて貸方に仕訳される。返金負債は、債務性引当金と同様に、支出の時期あるいは金額が不確定な債務という性格を有するため、返金引当金という勘定を用いることも否定できない。そのため、収益認識では、負債概念との関係性が問われていることになる。

企業会計基準第29号にはIFRS 15で認められている代替案の記載がない。それは、収益の認識にあたっての顧客契約モデルの代替案である活動モデルであり、そして測定にあたっての配分後取引価格アプローチの代替案である現在出口価格アプローチである。活動モデルでは、収益は、契約に基づく権利だけではなく、棚卸資産や仕掛品などの資産の増加により生じると考えられている。履行義務の測定に用いられる現在出口価格は、資産の売却のために受取るか、または負債の移転のために支払う価格である。

IASBでは、会計実務での可能性を考慮して、当該認識には顧客契約モデルを、そして測定には配分後取引価格アプローチを採用している一方で、概念フレームワークを用いて演繹的に導くことが可能な活動モデルと現在出口価格アプローチを代替案として残している。当該代替案が不採用という点からみれば、日本の収益認識に関する会計基準は、会計実務や会計慣行に源泉を求めた帰納的な思考が重視されているとも考えられる。

「考える会計学」は、演繹的な思考と帰納的な思考の両方の会計思考を持つことに他ならず、会計専門職大学院が担う高等教育の在り方を示した表現である。そのためのカリキュラムが会計専門職としての説明能力あるいはコミュニケーション能力を高めることになり、会計専門職学位の高い付加価値が社会と共有されることを後押しする。

<参考文献>
小西範幸［2012］「IFRSの導入と概念フレームワークの役割」『Aoyama Accounting Review』Vol.1、37-43頁。

小西 範幸（こにしのりゆき）
青山学院大学大学院会計プロフェッション研究科長・教授、博士（経営学）南山大学、ダブリン大学トリニティカレッジ経営大学院客員教授、岡山大学大学院組織経営専攻長・教授などを経て、2009年より現職。会計大学院協会理事長、国際会計研究学会理事、中央教育審議会大学院部会臨時委員、公認会計士試験委員など歴任。研究テーマ：サステナビリティ会計。最近の業績：小西範幸[2018]「サステナビリティ会計と統合報告のあり方」『会計・監査ジャーナル』日本公認会計士協会、Vol. 36 No.7。

特集 I

対談

■収益の認識
―何が変わって、何が変わらないのか―

小野 行雄　対　橋本　尚
Yukio ONO　vs.　Takashi HASHIMOTO

特集 I は、企業会計基準委員会委員長小野行雄氏と本研究科の橋本 尚教授との対談である。2018年3月に公表された「収益認識に関する基準」等は、小野氏が委員長就任以来ずっと取り組んでこられた課題であり、損益計算書のトップラインの売上計上に関わる基準改定として、多くの企業にとって大きな影響を及ぼすことが予想される。基準設定のトップと、国際会計基準研究のトップによる、わが国の会計基準の大きな転換点における対談をお届けする。

特集 I

対談：収益の認識
―何が変わって、何が変わらないのか―

企業会計基準委員会 委員長
小野 行雄

vs.

青山学院大学大学院
会計プロフェッション研究科 教授
橋本 尚

I はじめに

● ［司会］ 本日は、『青山アカウンティング・レビュー』第8巻の特集Iとして、「収益の認識―何が変わって、何が変わらないのか―」というテーマで、企業会計基準委員会委員長の小野行雄先生をお迎えし、本学研究科教授の橋本 尚先生を相手に対談をしていただきます。どうぞよろしくお願いいたします。

本号は「収益の認識」をテーマに掲げましたが、本年3月に公表された「収益認識に関する基準」等は、非常に重要な基準だと受け止めています。

はじめに、小野先生にお伺いします。収益は、企業のトップラインですから、すべての企業に関わってくる問題で、収益の認識基準は、非常に広範かつ大きな影響を与えるものになると考えているのですが、先生ご自身はどのようにお考えでしょうか。

注　本対談における発言は、いずれも発言者の所属する組織・機関には関係なく、発言者の個人的な見解である。

小野 行雄 氏（以下「小野」）　小野でございます。
私どもも、今、町田先生がおっしゃったのと同じようなことを考えておりまして、国際財務報告基準（IFRS）と米国基準で同じ内容の収益認識に関する会計基準ができたのですから、やはりトップラインを同じ基準で作って企業が公正な競争をする必要があるということで、日本でも国際的な会計基準と整合する会計基準をこのたび作ったわけです。

● 橋本先生からも最初に一言、収益の認識基準が公表されたことについてのコメントなり、ご感想をお伺いしたいと思いますが、いかがですか。

橋本 尚 氏（以下「橋本」）　橋本です。
収益の認識に関する問題は、財務会計の根底をなす基本問題です。我々が学生の頃から、収益の認識は、実現主義の原則に基づいて行うこととされ、非常に古い文献に遡りますと、1940年代のペイトン＝リトルトンの時代からずうっと実現概念でやってきたわけです。

今回、IFRS 15号「顧客との契約から生じる収益」の公表に伴って、我が国の収益認識基準も1949年

（昭和24年）公表の「企業会計原則」以来の大きなターニングポイントを迎えたということです。

今日は、現代にマッチしたような収益認識基準の在り方、グローバルな視点に立った企業業績のトップラインの表示の在り方を一緒に考えていけたらと思っております。

II 収益認識基準に至る経緯

1. IFRS 15号に至るまでの国際会計基準審議会（IASB）及び財務会計基準審議会（FASB）の動向

● 今回公表された収益の認識基準の内容の検討に入る前に、これまでの経緯を振り返ってみたいと思います。

今般の企業会計基準は、IFRS 15号を基にしているわけですが、IFRS 15号の公表に至るまでには、IFRSの設定主体である国際会計基準審議会（IASB）だけでなく、アメリカの基準設定主体である財務会計基準審議会（FASB）とIASBとの交渉が長く行われてきました。

この点については橋本先生のご専門の領域ですので、橋本先生から、IASBの動向を、FASBとの交渉の経緯も含めて、簡単にご解説いただけますか。

小野　行雄（おの　ゆきお）

公認会計士。1973年横浜国立大学卒業。監査法人トーマツに入所し監査に従事。1980年から4年間ニューヨーク駐在。1992年から3年間IASCの日本代表を務める。1995年から2004年までJICPA常務理事及び理事。2014年4月企業会計基準委員会委員長に就任し、現在に至る。

橋本　収益認識は、国際的にもずっと実現主義でやってきたので、実現あるいは稼得を要件として企業収益を捉えてきたわけです。非常に単純な財又はサービスの取引であれば特に問題はないのですが、IT関連の取引やインターネット上の取引などがだんだんと増えてきますと、とりわけ複数要素取引（契約）といわれますけれども、一つの取引にいくつかの要素が含まれるようになります。これを一括に処理するか、それともそれぞれの要素ごとに別々に扱うのか、あるいはどこまでを一つのセットとして捉えるかについて、実現概念の曖昧さを補完する詳細なガイダンスが必要となりました。

また、いわゆる変動対価の問題として、いったん値段が決まった後に値引きとかリベートとか返品権とか、販売促進策が次々と考えられ、いろいろなものが出てきたことで、収益をいくらで計上したらよいのか、いったん計上された売上高が大幅に減額修正されるような利益操作ともとられかねない実務が問題視されました。

インターネット販売の場合は、業者が自前で出品しているのか、取引の場を提供しているだけなのかの見分けがつきにくいことが多く、収益を総額表示すべきか純額表示すべきか、という論点も新たに加わってきました。

古きよき時代は実現主義だけで、現場の実務に委ねればよかったのですが、いろいろと新たな商売や複雑な取引が出てきますと、抽象的で解釈の幅のある曖昧な基準では操作の余地があったり、あるいは比較可能性の観点からも企業とか業界によってバラバラな実務になってはいけないということで、20世紀末から21世紀初めにかけて、アメリカなどで収益認識の基準を精緻化すべきとの声が高まりました。早すぎる収益認識や収益認識をめぐる不正な経理が多いことが社会問題化し、会計不信が高まった時期とも重なっています。

そこで、会計基準の国際的コンバージェンスも視

野に、IASBとFASBが共同で、収益認識に関する包括的かつ一義的な基準を作ろうということで取り組むことになったわけです。

2002年9月には、IASBとFASBとの間で「ノーウォーク合意」が結ばれましたが、それに先立つ2002年5月に共同プロジェクトがスタートしました。結局、延々と12年ほどかかりまして、2014年5月に完成をみます。ここに世界の二大会計基準の収益認識に関するコンバージェンスが達成されました。

小野 私がASBJの第3代委員長に就任してすぐのことでしたので、よく覚えています。

橋本 IFRS15号の公表に至るまでの間、2008年12月にディスカッション・ペーパー、2010年6月に公開草案、2011年11月に再公開草案の公表を経て、ついに2014年5月28日に、コンバージェンス・プロジェクトとしては初めて、同時に同じ内容のものをIFRS15号とアメリカの会計基準のトピック606として公表しました。なお、2016年4月にはIFRS15号「顧客との契約から生じる収益」の明確化が公表され、IFRS15号は2018年1月から本格適用されています。

そこで日本も、こういったグローバルスタンダードに整合的なものにしないと日本企業の業績の比較可能性が保たれないということで、小野委員長の下に日本の企業会計基準の検討が始まったということです。

● もう一つ橋本先生にお伺いしておきたいのは、IASBとFASBのノーウォーク合意前の2002年5月にプロジェクトが始まるきっかけは何だったのかということです。先ほど不正の話がありましたが、端的にいうとどのようなことだったのでしょうか。

橋本 当時（2001年2月9日まで）はアメリカの証券取引委員会（SEC）の委員長がアーサー・レビット氏で、その下でのチーフ・アカウンタントがリン・ターナー氏でした。当時のSEC委員長の「ナンバーズ・ゲーム（会計上の数字合わせ）」という講演のなかで、収益認識に係る不正が一番多いことを指摘するとともに、基準はあるものの曖昧なために基準の抜け道を探すような実務がはびこってしまったと、グレイゾーンでの会計の悪用を問題視しました。

売上の前倒し計上などの問題が続出したので、既存の基準や指針を集約する目的で、例えばスタッフ会計公報（SAB）101号を公表したり、あるいは、発生問題タスクフォース（EITF）で当面の実務的な対応を示すかたちでやっていました。

ただ、業種としてはソフトウェア業界やコンピュータ・IT業界向けものだったので、取引形態は業種により多種多様であり、必ずしも汎用的・網羅的な基準ではなかったことと、アメリカでも、議会とか政治を巻き込んで業種別の指針を統一的な方向にはなかなかもっていけなかったので、当時、次第に存在感を増してきた国際基準であるIFRSの力を借りて共同プロジェクトで国際的に取り組むこととなったわけです。

2. 企業会計基準29号等の公表までの経緯

● 今回、日本では、企業会計基準29号そのほか適用指針30号等々が公表されたわけですけれども、IFRS15号が公表されて以降、あるいは

橋本 尚（はしもと たかし）

青山学院大学大学院会計プロフェッション研究科教授。1991年早稲田大学大学院商学研究科博士後期課程単位取得満期退学。国際会計研究学会前会長、金融庁企業会計審議会臨時委員。主な著書は『財務会計理論（八訂版）』同文舘出版 2013年、『IFRS会計学基本テキスト（第6版）』中央経済社 2018年（共著）。

FASBとIASBのプロジェクトが完遂したあと、今般の公表までに日本ではどういう経緯をたどったのでしょうか。

小野 ASBJは2001年に設立されましたけれども、今、橋本先生からお話があったように、グローバルでのIASBとFASBのプロジェクトが2002年から開始されました。それ以来、ASBJとしては常に、IASBにおける収益認識に関するいろいろな審議状況をずうっとフォローしてきておりました。

最初は2008年にディスカッション・ペーパーが出されました。それから、2010年に最初の公開草案が出されて、翌年に再公開草案が出されて最終化したというプロセスを経ていますけれども、その都度、ASBJでは内容が適切であるかどうかを検討するとともに、それに対してどういうインパクトが日本の企業にあるかを考えながら、コメントレターとしてIASBに送って、意見を発信してきました。

ASBJでは、日本の関係者、すなわち作成者、財務諸表利用者、監査人、それから学者から構成される収益認識専門委員会をもっておりまして、そこで十分に検討をしてもらい、その結果を親委員会で審議してコメントレターとして送ってまいりました。

IFRS15号は、最終的に2014年に公表されましたけれども、これは、橋本先生からお話があったIASBとFASBの2002年のノーウォーク合意とその後の2006年のMoUで決定したコンバージェンスのためのプロジェクトの中の非常にうまくいったケースです。IASBとFASBはいろいろな共同プロジェクトをやってきましたが、なかなかうまくいかない基準もありました。収益認識に関しては、文章レベルで内容がほぼ完全に一致したものにでき上がっています。

したがって、でき上がったあと、ASBJとしては、これを日本に取り入れる必要があるのではないかということを真剣に考えてまいりまして、2015年に第308回の企業会計基準委員会で、収益認識に関する包括的な会計基準の開発に向けた検討に着手することを決めました。

そのあと、2016年に、IFRS15号を仮に日本に適用したらどのような実務上の課題があるかに関して意見募集をしました。これは、それまでIASBが出した収益に関する会計基準としてIAS11号「工事契約」とIAS18号「収益」の二つがありますけれども、IFRS15号は内容が大きく変わっております。収益認識に関する会計基準がIFRS15号として一本化されまして、ある意味では非常に体系化されていますが、それなりに複雑な基準になっています。

したがって、それをまず日本の関係者によく理解してもらうための一助になるように、なおかつ、それを仮にそのまま適用したらどのような適用上の問題があるかを知って基準開発に役立てるために、意見募集文書を出したわけです。

それに対してたくさんの意見をいただきまして、その意見に基づいて課題を抽出しました。その抽出した課題の1点1点について分析をして、日本にこのまま取り入れることができるのか、あるいは他の手当てを何か考えなければいけないのかを、先ほどの収益認識専門委員会で検討をしていただきました。

その検討結果を受けて2016年に公開草案を出して、公開草案に寄せられた意見をさらに検討しまして、今年の3月に企業会計基準第29号「収益認識に関する会計基準」と企業会計基準適用指針第30号、30号には設例もついておりますけれども、これらを公表しております。

3. 収益認識基準の概要

(1) 収益の認識基準の特徴と内容

① 収益認識基準の特徴

● 収益の認識基準は、分量も範囲も非常に膨大な部分をカバーしていますので、そのすべてをここ

で論じることはできませんけれども、今日は小野先生をお迎えしていますので、小野先生に、特に収益認識基準の概要をご説明いただいて、そのうえで議論をさせていただければと思います。

まず、今回の認識基準の特徴は、どういう点にあるのでしょうか。

小野 はい。この収益認識に関する会計基準は、従来、ASBJが出した会計基準とはかなり違う特徴をもっています。

それは何かといいますと、一つは、企業の営業成績で最も重要なトップラインである収益の比較可能性を担保するためには、日本の企業間の比較可能性はもちろんですけれども、グローバルベースでも比較可能にするために、今回の収益認識基準は、IFRS 15号の会計基準の内容をそのまま取り入れております。それが非常に大きな特徴であります。

ただ、業態なり企業の大きさによって適用が非常に難しい場合があり、それに対応するために、IFRS 15号の内容に加えて、代替的な取扱いを定めております。これが今までの基準にはない特徴です。

最近はIFRSを任意適用する会社が非常に増えており、そういう企業では連結はIFRSで作りますけれども、単体について日本基準とIFRSが違うと連結修正のコストがかかることになり、単体でもIFRSの内容をそのまま適用させて欲しいとの意見が寄せられ、IFRS 15号の内容をそのまま使えるようにしました。一方、国際的な比較可能性を大きく損なわせない範囲で代替的な取扱いを追加的に定めて、適用をより容易にしたこと、これが非常に大きな特徴でございます。

橋本 会計基準の場合には日本独自の作り方もあるわけですけれども、収益認識の基準は非常に網羅的かつ全般にわたるので、部分的に切り取って導入することはできません。基本的にはIFRS 15号の考え方、これはアメリカ基準も同じなので、これを全面的に取り入れるかたちでないといけない、いいとこ取りはできないと・・・。

それから、やはりトップラインの数字なので、連結と単体の情報に差があってはいけないということで、今回採用した方式に落ち着いたのではないかと思います。

● 小野先生、今回の基準を見て我々が一番初めに驚いたのは、基準の冒頭の「公表にあたって」に「IFRS」という文字が入っていることで、これは初めてだと思います[1]。日本の基準でいきなり冒頭の前文で「IFRS 15号」と書くのはどうなのかという意見もたぶんあると思います。それでも、今回はともかく受け入れるという考え方で入れた、ということでしょうか。

小野 IFRSの任意適用企業の数が増加した環境の変化も反映して、ASBJでは、2016年8月に、今運用している中期運営方針を作りました。この中期運営方針では、日本の会計基準を高品質かつ国際的に整合性のあるものとする取組みを進めることを記載しており、収益認識の会計基準もその一つです。国際的な整合性を高めるうえでは、それが日本の会計基準の質の向上にもつながるかを考えながら実施しました。

● 確か2016年に、未来戦略会議の「未来投資戦略」の文章の中に「収益の認識基準」と書かれていたのを拝見して、これはもうやらざるを得ないことになっているのだなぁと思ったことを覚えています。もう少しゆっくりと検討が進められるのかと思っていましたら、現在では「未来投資戦略」に記載されると、政府の方針として1年以内に何らかの結果を出さなければならない・・・。

---

1) 企業会計基準第29号「収益認識に関する会計基準」等の公表（平成30年3月30日）の開発にあたっての基本的な方針には、「当委員会では、収益認識に関する会計基準の開発にあたっての基本的な方針として、IFRS第15号と整合性を図る便益の1つである財務諸表間の比較可能性の観点から、IFRS第15号の基本的な原則を取り入れることを出発点とし、会計基準を定めることとした。」と記されている（企業会計基準29号97項にも同様の記述がある）。

小野 2018年3月を完成の目標にしたのは、IFRS 15号が2018年1月から強制適用になることから、それに間に合わせてほしいという要望に基づくものです。結果として3年でできましたけれども、幸いにして3月末までに間に合ってホッとしました。

② 基本となる原則

● では、具体的な中身に入ってまいりましょう。まず、基本原則からお願いします。

小野 基本原則は会計基準の16項に書いてありますけれども、次の**図表1**のとおりとなります。

「基本となる原則は、約束した財又はサービスの顧客への移転を当該財又はサービスと交換に企業が権利を得ると見込む対価の額で描写するように、収益を認識する」としています[2]。

具体的にどうするかを説明しているのが、いわゆる5ステップといわれるもので、これは会計基準の17項にあります[3]。ステップ1で契約の識別をして、ステップ2で履行義務の識別をして、ステップ3で取引価格の算定、ステップ4で取引価格の配分、最後にステップ5で履行義務の充足をもって収益の認識をし、収益が計上されることになります。

ステップ1の契約の識別と、ステップ2の履行義務の識別と、ステップ5の履行義務の充足が収益の認識基準にあたりまして、ステップ3とステップ4が収益の額の算定になります。

橋本 取引実態をきちんと表すことを、基本原則において一言で述べたわけですね。

もう少しわかりやすく説明しますと、基準では、「原則的な取扱い」の基本原則がいくつか説明されているところがあるけれども、ここについては、日本の従来の企業会計原則では実現主義一つしか基準がなかった。これに対して、これからは、売手から買手への資産等の支配の移転のプロセスに従ってそれを把握していくために、収益の認識の単位とか金額を決めていこうということです。いろいろと複雑な取引等が出てくるなかで、それをきちんと決まるようにやっていくということですね。

③ 収益の認識基準の内容

● 次は、認識基準です。認識基準は、ここでいう

図表1 収益を認識するための5つのステップ

■基本となる原則
  ➢ 約束した財又はサービスの顧客への移転を当該財又はサービスと交換に企業が権利を得ると見込む対価の額で描写するように、収益を認識する（会計基準第16項）。

■基本となる原則に従って収益を認識するための5つのステップ（会計基準第17項）

1 ・顧客との契約を識別する。
2 ・契約における履行義務（収益を認識する単位）を識別する。
3 ・取引価格を算定する。
4 ・契約における履行義務に取引価格を配分する。
5 ・履行義務を充足した時に又は充足するにつれて収益を認識する。

© 2018 Accounting Standards Board of Japan All rights reserved.

と、契約の識別から最終的な履行義務の充足までの五つのステップのうち、認識基準は契約の識別と履行義務の識別と、それから履行義務の充足の部分、つまり1・2・5の部分ですね。この部分について、橋本先生からご解説いただきたいと思いますが、いかがでしょうか。

橋本 まず、ステップ1が顧客との契約の識別ですけれども、これは契約内容を明確化するということで、特に欧米は契約社会ですので、何事でも契約を交わすのが取引の大前提です。逆に、ここで顧客との契約に至らないと、そもそもIFRS 15号の適用対象にもならないということで、まずは契約の識別です。

ただ、契約の結合とか、あるいは契約の変更とか、そういう事例もありますけれども、結局これは、実際に契約が一体のものなのか、実質的に一つなのか、それとも分けられるのかというところで、場合によっては結合したりするわけですが、ステップ2の履行義務でまた識別しますので、契約では結合しても、履行義務でまた分かれることもあるわけです。

あるいは、契約の変更についても、当初の契約と追加の契約があった場合、これを一緒にするのか、それとも当初の契約ともう一つ追加の契約があるとみるのかによってもまた違ってきます。特にこれは、ステップ5で出てきますけれども、進捗度を計算します。全体を一つの契約とみれば進捗度が変わってくることもあるし、不採算なところがあれば、当初の契約では黒字だったものが追加の部分では赤字になる。しかし、両方合わせるとまだ黒字にとどまっているなど、見え方が違ってくるので、まずは契約の識別が重要です。

その次のステップ2の履行義務の識別が非常に重要です。今までは取引単位で、取引の種類ごとにやっていましたが、取引に即してやるのは意外と大変といいますか、工事契約は取引の単位ごとで、あるいはソフトウェアは取引の種類ごとでやっていますけれども、複数要素契約があると取引というくくりの単位は曖昧になってしまうので、厳密に対応するために、新たに履行義務に着目することで、これを収益認識の新たな単位にしようということで、ステップ2で履行義務を識別するというところがキーポイントであります。

履行義務を別個のものと考えるかどうかの要件は、いくつかに分けられれば複数になりますし、別個のものという判断基準を満たさない場合には、契約の中に履行義務は一つということになります。

小野 今、橋本先生がいわれた履行義務の識別が非常に重要になりまして、単純な取引はよいですが、いろいろな複雑な取引を会計処理するときに、実際に別個の履行義務かを識別しなければいけま

---

2) 企業会計基準29号16項「本会計基準の基本となる原則は、約束した財又はサービスの顧客への移転を当該財又はサービスと交換に企業が権利を得ると見込む対価の額で描写するように、収益を認識することである。」
3) 企業会計基準29号17項「前項の基本となる原則に従って収益を認識するために、次の(1)から(5)のステップを適用する(適用指針[設例1])。
  (1) 顧客との契約を識別する(第19項から第31項参照)。
　　本会計基準の定めは、顧客と合意し、かつ、所定の要件を満たす契約に適用する。
  (2) 契約における履行義務を識別する(第32項から第34項参照)。
　　契約において顧客への移転を約束した財又はサービスが、所定の要件を満たす場合には別個のものであるとして、当該約束を履行義務として区分して識別する。
  (3) 取引価格を算定する(第47項から第64項参照)。
　　変動対価又は現金以外の対価の存在を考慮し、金利相当分の影響及び顧客に支払われる対価について調整を行い、取引価格を算定する。
  (4) 契約における履行義務に取引価格を配分する(第65項から第76項参照)。
　　契約において約束した別個の財又はサービスの独立販売価格の比率に基づき、それぞれの履行義務に取引価格を配分する。独立販売価格を直接観察できない場合には、独立販売価格を見積る。
  (5) 履行義務を充足した時に又は充足するにつれて収益を認識する(第35項から第45項参照)。
　　約束した財又はサービスを顧客に移転することにより履行義務を充足した時に又は充足するにつれて、充足した履行義務に配分された額で収益を認識する。履行義務は、所定の要件を満たす場合には一定の期間にわたり充足され、所定の要件を満たさない場合には一時点で充足される。

図表2 別個の財又はサービス

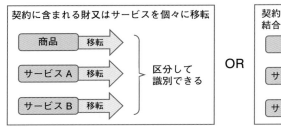
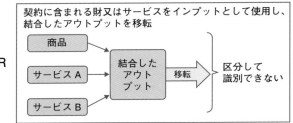

せん。

　別個の履行義務とするか否かには二つの要件があります。一つ目の要件は、財又はサービスから単独で、又は他の資源と組み合わせて、顧客が便益を享受することができることです。二つ目の要件は、財又はサービスを顧客に移転する約束が、契約に含まれる他の約束と区分して識別できることです。

　この図表2は、二つの要件である財又はサービスを顧客に移転する約束が契約に含まれる他の約束と区分して識別できることの説明をしています。

橋本　IT業界で、パソコン本体の販売に据付けのサービスがあったり、バージョンアップのサービスがあったり、ウイルス対策があったりしますが、では、どこまでが一つの単位、履行義務なのか、システム一式を販売した場合に、全体を一式ということでもらった代金は全部一緒に収益計上してよいのかというと、それはちょっと違うということになります。物の販売とサービスの提供と、サービスでも物と一体化している部分とサービスごとにまた別途追加されるような部分もありますので、それを「履行義務」ということでくくって、一体的に扱うか、別個に扱うかを明確にしているわけですね。

● 収益の認識基準の最後の履行義務の充足については、いかがですか。

小野　はい。今回開発した基準では、契約において約束した財又はサービスを顧客に移転することにより履行義務を充足した時に又は充足するにつれて、収益を認識することとしています。履行義務を充足した時としているのは、ある一時点で収益を認識することを意味して、履行義務を充足するにつれてとしているのは、一定期間にわたって収益を認識することを意味しています。

　一時点で履行義務を充足するのは、例えば商品や製品の通常の販売であり、一定期間にわたり履行義務を充足するのは、例えば工事契約により、進行基準的に会計処理する場合です。

　IFRS 15号は、IASBがディスカション・ペーパーを出して、公開草案を出して、それからさらに再公開草案を出して完成したのですが、ここの「一定の期間にわたって履行義務を充足する」という基

準の作り方が一番難しくて、時間のかかったところです。

38項で「一定の期間にわたり充足される履行義務」の条件を三つあげています。38項は工事契約だけでなく工事以外の契約にも適用されます。

> **企業会計基準第29号「収益認識に関する会計基準」**
> 一定の期間にわたり充足される履行義務
> 38. 次の(1)から(3)の要件のいずれかを満たす場合、資産に対する支配を顧客に一定の期間にわたり移転することにより、一定の期間にわたり履行義務を充足し収益を認識する（適用指針［設例7］）。
>   (1) 企業が顧客との契約における義務を履行するにつれて、顧客が便益を享受すること
>   (2) 企業が顧客との契約における義務を履行することにより、資産が生じる又は資産の価値が増加し、当該資産が生じる又は当該資産の価値が増加するにつれて、顧客が当該資産を支配すること（適用指針［設例4］）
>   (3) 次の要件のいずれも満たすこと（適用指針［設例8］）
>   ① 企業が顧客との契約における義務を履行することにより、別の用途に転用することができない資産が生じること
>   ② 企業が顧客との契約における義務の履行を完了した部分について、対価を収受する強制力のある権利を有していること

38項の三つの要件に合わないときは「一定の期間にわたり充足される履行義務」ではなく、「一時点で充足される履行義務」に該当するという立てつけになっています。「一定の期間にわたり充足される履行義務」を先に決めることも、特徴といってよいでしょう。

橋本 履行義務の充足は、別の見方をすると資産の支配が売手から買手にどのように移転するかということです。ある一時点で移転するか、徐々に移転するか、サービスの場合にはその資産を買手が受け取ったらすぐに消費すると考えるわけですけれども、そうすると、途中段階で財とかサービスの支配が徐々に移転する場合には一定期間で進捗度に応じて認識し、いっぺんに支配が移転したものは一時点で認識する、という立てつけになっています。

先ほどの38項にありましたけれども、三つの要件の(1)は、例えば清掃サービスのようなもので、これは掃除した分だけきれいになりますから、買手は便益を享受することになりOKです。(2)は、自分の土地にビルを建ててもらうような場合で、自分の土地の上に建てますから、資産の価値が増加するにつれて、買手が支配していくことができます。

問題は(3)です。これはそれ以外の、例えば造船会社が自分の造船所で船を造っているような場合です。それでも、支配が徐々に買手に移転するという(3)の条件を満たすかどうかは、非常にむずかしい判断となるでしょう。

また、「一時点で充足される」要件が40項にありますけれども、(1)は企業側でチェックできますが、(2)から(5)の四つの要件は全部、顧客側が自分で資産を支配しているかどうかとか、顧客側がそれを受け取れる状態になっているかどうかという買手である顧客の立場からの判断指標になっています。それに照らして、同じ一時点でも出荷時点か検収時点か変わってきますので、日本の実務に与える影響は大きくなると思います。

● 出荷基準による収益の認識への変更という点については、いかがですか。

小野 今回の基準では、一時点で充足する履行義務の場合、財又はサービスに対する支配が顧客に移転することにより履行義務が充足される時に、収益が認識されます。出荷時点では多くのケースでは商品等の支配が顧客に移転していないことが想定され、その場合は出荷基準での収益計上は認められないことになります。ただし、日本国内の販売の場合では、出荷時点から商品等の支配が顧客に移転されるまでの期間が数日間程度の取引が多いと考え

られるため、出荷基準を認めても比較可能性を大きく損なわないと考え、代替的な取扱いとして認めることとしています[4]。代替的な取扱いについては、また後で議論になると思います。

（2） 収益の額の算定

● 次に、算定の段階に進みたいと思います。

算定は、五つのステップのうちの3と4になります。ステップ3の「取引価格の算定」とステップ4の「取引価格の配分」は、どういうことを意味しているのでしょうか。

橋本 取引価格の算定は、測定の一番基礎となる部分ですけれども、特にIT機器の場合には技術革新の進展が速いので、機能的減価、陳腐化が速く、1年もしないうちに当初の販売価格から金額がかなり下落します。

そうすると、実際の売上は、当初の1億円なのか、それとも半年たったときの5,000万円あるいは1年後の3,000万円なのか、そういう部分を、今までは総売上高から値引きあるいはリベートなどを引くことができました。けれども、変動することが合理的に分かるのであれば、そうした変動要素を全部織り込んだかたちで収益の金額を固めましょうというのがステップ3です。ステップ1の契約の段階での金額算定でなくても、取引の段階で、値引きなども含めたものとして取引価格を算定するのがステップ3の実質的な意味合いということになります。

また、ステップ4は、例えば携帯電話を本体の販売とその後の月々の料金プランというかたちで売るときに、本体はただ同然で、その後の月々の使用料で稼ごうとか、取り戻そうと考える。あるいはコピーでも、コピー機本体は安くしておいて、その後のトナー代とかコピー用紙代で儲けようとするときに、例えばお店の価格設定どおりに携帯電話本体については売上ゼロでいいのかというと、そうではないでしょう。これはやはり独立販売価格の比率できちんと配分しなくてはいけない、変動対価での履行義務が認識の単位ですから、その認識の単位にそれぞれ金額を割り当てていく、公平な按分をするための配分の仕方が示されているところです。

それから、履行義務との関係で、インターネット販売の拡大によって、本人が自分で売っているのか、そ

（小野 行雄 氏）

---

[4] 企業会計基準適用指針30号98項「会計基準第39項及び第40項の定めにかかわらず、商品又は製品の国内の販売において、出荷時から当該商品又は製品の支配が顧客に移転される時（会計基準35項から第37項、第39項及び第40項の定めに従って決定される時点、例えば顧客による検収時）までの期間が通常の期間である場合には、出荷時から当該商品又は製品の支配が顧客に移転される時までの間の一時点（例えば、出荷時や着荷時）に収益を認識することができる。

商品又は製品の出荷時から当該商品又は製品の支配が顧客に移転される時までの期間が通常の期間である場合とは、当該期間が国内における出荷及び配送に要する日数に照らして取引慣行ごとに合理的と考えられる日数である場合をいう。」

企業会計基準適用指針30号171項「これまでの実務では、売上高を実現主義の原則に従って計上するにあたり、出荷基準が幅広く用いられてきている。会計基準では、一時点で充足される履行義務については、資産に対する支配を顧客に移転することにより当該履行義務が充足される時に、収益を認識することとしている（会計基準第39項及び第40項）。ただし、商品又は製品の国内における販売を前提として、商品又は製品の出荷時から当該商品又は製品の支配が顧客に移転される時までの期間が通常の期間である場合には、出荷時に収益を認識しても、商品又は製品の支配が顧客に移転される時に収益を認識することとの差異が、通常、金額的な重要性に乏しいと想定され、財務諸表間の比較可能性を大きく損なうものではないと考えられるため、代替的な取扱いを定めている（第98項参照）。

なお、商品又は製品の出荷時から当該商品又は製品の支配が顧客に移転される時までの期間が通常の期間である場合とは、当該期間が国内における出荷及び配送に要する日数に照らして取引慣行ごとに合理的と考えられる日数である場合をいうとしているが、国内における配送においては、数日間程度の取引が多いものと考えられる。」

れとも代理人として場所だけ貸しているのかも曖昧になってきたので、本人販売か代理人販売かで総額表示・純額表示の測定のルールをきちんと定めようということになったわけです。これも今まで日本では曖昧だったこともあり、利益は出なくてもせめて収益くらいは多めに計上したいと、純額表示すべきものを総額表示してきた事例が多かったわけですが、いずれにしても総額表示か純額表示かで収益の額は異なりますが、利益は同額になります。

小野 次の図表3をご覧ください。

今回の基準では、橋本先生がおっしゃった変動対価での定めが特徴の一つです[5]。顧客と約束した受け取る対価が変動する可能性があるものを「変動対価」といっており、値引き、返品等いろいろなものが含まれます。

変動対価が含まれる場合、財又はサービスの顧客への移転と交換に企業が権利を得ることとなる対価の額を見積もることとなり、変動対価を考慮した後のものが取引価格となります。

橋本 8項の取引価格の定義[6]では「第三者のために回収する額を除く。」となっていますけれども、これは結局、たばこ税などの間接税とか売上に係る

（橋本 尚 氏）

図表3　取引価格の算定

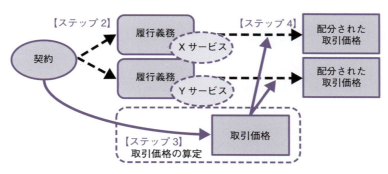

© 2018 Accounting Standards Board of Japan All rights reserved.

---

5) 企業会計基準29号50項「顧客と約束した対価のうち変動する可能性のある部分を「変動対価」という。契約において、顧客と約束した対価に変動対価が含まれる場合、財又はサービスの顧客への移転と交換に企業が権利を得ることとなる対価の額を見積る。」

消費税等は、第三者に支払うために顧客から回収する金額なので収益（売上高）には含めないということです。

(3) 代替的な取扱い
① 代替的な取扱いの内容

● では、次の代替的な取扱いの話に進みます。

先ほどのお話で、今回の収益認識基準はIFRS 15号を全面的に受け入れてできているということでしたが、それに対応できない企業に向けて代替的な取扱いを用意しました。

小野先生、この代替的な取扱いを定めるにあたっての方針、それから、どの範囲までカバーしようとされたのかについて、改めてお話しいただけますか。

小野 冒頭に申し上げましたように、仮にIFRS 15号を日本に導入したら生じるであろう適用上の課題をまず把握したうえで、国際的な比較可能性を大きく損なわせない範囲で、代替的な取扱いを追加的に定めています。代替的な取扱いは、11項目設けていますが[7]、重要性の観点から取り扱いを定めた項目、これまで我が国で行われてきた実務等に配慮した項目などが含まれます。実務の便宜を考えて、金額的な影響を集計して重要性の有無を判定する要件を設けていないことが特徴です。

橋本 適用指針の164項に「我が国で行われてきた実務等に配慮し、財務諸表間の比較可能性を大きく損なわせない範囲で、IFRS 15号における取扱いとは別に、個別項目に対する重要性の記載等、代替的な取扱いを定めている。」とありますね[8]。

小野 はい、代替的取扱いは、あくまで比較可能性を大きく損ねないもののみ定めています。

橋本 この「重要性等に関する」という頭書きについては、必ずしも重要性だけではないものがあります。一番最後の「有償支給取引」などもそうですけれども、これは必ずしも重要性ではなく、有償支給取引は日本の特有な取引で、海外では日本のような形式のものがあまりないということで入れたということでしょう。

いずれにしても、この代替的な取扱いというのは、IFRS 15号とそれほど変わらないところで、コスト等を考えると、なかなか全面的にはIFRS 15号の考え方を受け入れられない企業等も配慮して、国内の実務が混乱しないようにするための妥当な措置だと思います。

小野 「有償支給取引」については、公開草案では設例にしていましたが、誤解を招く可能性が指摘されたため、適用指針に記載したうえで、個別財務諸表に代替的な取扱いを設けています。他に特徴的なのは先ほど話しました「出荷基準等の取扱い」を入れていることです。

橋本 ご指摘のとおりで、これは国内の物流の整備に照らせば非常に合理的な基準であって、結局これは、出荷から着荷・検収のどの時点で収益を計

---

[6] 企業会計基準29号8項「「取引価格」とは、財又はサービスの顧客への移転と交換に企業が権利を得ると見込む対価の額（ただし、第三者のために回収する額を除く。）をいう。」

[7] 企業会計基準適用指針30号164〜181項に、(1) 契約変更（重要性が乏しい場合の取扱い）、(2) 履行義務の識別（顧客との契約の観点で重要性が乏しい場合の取扱い）、(出荷及び配送活動に関する会計処理の選択)、(3) 一定の期間にわたり充足される履行義務（期間がごく短い工事契約及び受注制作のソフトウェア）、(船舶による運送サービス)、(4) 一時点で充足される履行義務（出荷基準等の取扱い）、(5) 履行義務の充足に係る進捗度（契約の初期段階における原価回収基準の取扱い）、(6) 履行義務への取引価格の配分（重要性が乏しい財又はサービスに対する残余アプローチの使用）、(7) 契約の結合、履行義務の識別及び独立販売価格に基づく取引価格の配分（契約に基づく収益認識の単位及び取引価格の配分）、(工事契約及び受注制作のソフトウェアの収益認識の単位)、(8) その他の個別事項（有償支給取引）の11項目が示されている。

[8] 企業会計基準適用指針30号164項「本適用指針では、これまで我が国で行われてきた実務等に配慮し、財務諸表間の比較可能性を大きく損なわせない範囲で、IFRS 第15号における取扱いとは別に、個別項目に対する重要性の記載等、代替的な取扱いを定めている。
なお、当該代替的な取扱いを適用するにあたっては、個々の項目の要件に照らして適用の可否を判定することとなるが、企業による過度の負担を回避するため、金額的な影響を集計して重要性の有無を判定する要件は設けていない。」

上するかということで、いずれにしても期ずれの問題です。ですから、もし、そういった出荷基準が認められないということであれば、日本の企業は、いわゆる期末日近くには出荷しないというようなかたちで実務上対応することになろうかと思います。しかし、それよりは、こういうかたちで重要性等の代替的な取扱いを認めることによって、少なくとも国内の実務上の混乱を未然に防ぐという意味は非常に大きいかと思います。

● 橋本先生にお伺いします。

　海外でも、IFRS 15号の適用にあたって、このような代替的な取扱いを各国基準で設けている国は多いのですか。

橋本　ないことはないです。例えばアメリカでは、IFRSとは違うかたちで国内事情やアメリカの会計基準間の整合性を配慮しているところがあります。具体的には、IFRS 15号の付録Aに記されています。

小野　米国基準では、2014年の公表以後、適用上の課題を検討した結果、何点か重要性に関する定めを追加する修正を行っています。

② 代替的な取扱い等を設けなかった項目

● 次は、逆に「代替的な取扱い等を設けなかった項目」についてお伺いします。橋本先生、この項目としては適用指針の182項以下[9]にあげられていますが、ご説明いただけますか。

橋本　「代替的な取扱い等を設けなかった項目」は、日本にはこれまでIFRS 15号とは違う実務がありましたけれども、収益認識の新しい基準が公表されたことを機会に、そういった実務は認めないことにしました。あるいは、まだ完全に代替的な取扱いをするかどうか判断がつかないということで、3年間ぐらいの適用状況を見て、必要であれば、さらに代替的な取扱い等で手当てをしようという部分であります。

　最初の三つがこれまでの日本の会計実務に一番大きく影響を与えるところで、まず初めの割賦販売において、今までは販売基準以外に回収期限到来基準と回収基準を認めてきたのを販売基準だけでいこうということで、いわゆる「割賦基準」といわれる回収期限到来基準と回収基準は認めないことにしました。

　2番目に、顧客に付与するポイントの場合には、今まで引当金処理ができましたけれども、これは引当金処理ではなく売上を減らす処理で、いわゆるポイント引当金を計上するような実務をできなくしました。

　それから3番目は、返品調整引当金の計上が今までできましたけれども、これも変動対価でみていくということで、返品を見積もることができるのであれば、いわゆる返金負債——これは「契約負債」ともいいます——を計上する（合わせて返品資産も計上されます）かたちで、今までのように売上を全額計上して、返品分を見積もって引当金計上ということはできなくなりました。

　そのほかの部分は、例えば商品券等の発行の処理などのこれまでの実務は、いわゆる基準に照らすと必ずしもそういう取扱いはしなくてもいいのでは

---

9)　企業会計基準適用指針30号182項「割賦販売における割賦基準に基づく収益計上、顧客に付与するポイントについての引当金処理、返品調整引当金の計上等については、当委員会が公表した『収益認識に関する包括的な会計基準の開発についての意見の募集』に対して、IFRS第15号の定めによる収益の額及び認識時期が現行の我が国の実務と大きく異なる可能性があるとの意見が寄せられ、当委員会において課題として抽出し審議を行った。
　審議の結果、国際的な比較可能性の確保の観点から、代替的な取扱いを追加的に定める場合、国際的な比較可能性を大きく損なわせないものとすることを基本とし、これらの項目については、本適用指針において代替的な取扱いを定めないこととした。」
　この他、適用指針30号では、変動対価における収益金額の修正（183項）、契約金額からの金利相当分の区分処理（184項）、売上高又は使用量に基づくロイヤルティ（185項）、顧客に付与するポイントに関する取引価格の配分（186項）、商品券等の発行の会計処理（187項）についても代替的な取扱いを定めないこととし、毎月の計量により確認した使用量に基づく収益認識（188項）については、代替的な取扱いの必要性について合意が形成されなかった、としている。

ないかということで、国際的な比較可能性を確保するために認めないこととしました。

小野 橋本先生のご指摘のうち割賦基準やポイント引当金は、代替的な取扱いを検討してほしいという依頼がありましたが、国際的な比較可能性や実務上のニーズの強さを踏まえて、特段、代替的な取扱いは設けていません。

● 小野先生、ただ、先ほど伺った代替的な取扱いのお話のように、要は、IFRS 15号の趣旨を損なわないのであれば、現在の実務慣行、特に出荷基準などを維持しようとしていることからすると、この中には認めておいたほうがよい項目もまだあるのではないか、あるいは、そういう主張もコメントなどで多かったのではないかと思いますが、その点はいかがですか。

小野 コメントレターではさまざまなご要望を受けましたが、収益認識専門委員会でそれぞれ代替的な取扱いを設ける必要性について個別に検討して、その検討の結果、設けないこととしています。

● 橋本先生は、この代替的な取扱いを認めるものと認めないものの振分けについては、いかがお考えですか。

橋本 割賦販売については、結局、一義的に収益の認識時点が決まるという面からいうと、一つの取引形態なのに三つの時点でOKというのは比較可能性の問題があるので、これはやはり販売時点に統一したほうがよいと思います。

そのほか、変動対価をどう捉えるかが問題です。

変動対価は、収益の金額を測定するときに、最終的に代金が回収されるまでの間にどういう金額で売上高を計上すべきか、ということです。最初から値引きが得られるとか、あるいはリベートの支払を受けることが確定しているのであれば、その収益については、そういったものを全部考慮に入れた金額を財務業績とすべきではないかということです。

従来は、最初は多めに売上を計上しておき、あとから値引きとかリベートとか、いろいろな形で収益が減らされていく。こうした変動対価については、早すぎる収益の認識とともに、収益の金額が当初の計上額からあまりにも減ってしまうのはいかがなものかという問題が提起されてきました。トップラインの数字の信頼性といいますか、透明性を高めるために、今まで認められてきたような、収益の金額を減らすような方向での、早すぎる収益認識とか、多めに収益を計上するような従来の実務を廃する意味が込められているのではないかと思います。

小野 先ほども少し触れさせていただきましたが、次の図表4と図表5をご覧ください。

基準では「対価のうち変動する可能性のある部分を『変動対価』という」と説明していまして、具体的には、値引き、リベート、返金、インセンティブ、業績に基づく割増金、ペナルティー、返品権付きの販売、このようないろいろなものがあるといっています。

顧客と約束した対価に含まれる変動対価には、収益の著しい減額が発生しない可能性が高い部分とそれ以外の部分があります。前期に上げた収益が実際には回収できなくなってしまうようなことにならないように、変動対価の額については、変動対価の額に関する不確実性が事後的に解消される際に、解消される時点までに計上された収益の著しい減額が発生しない可能性が高い部分に限り取引価格に含めるようにしております。

● 橋本先生、変動対価は、実務上、今後の大きな課題の一つでしょうか。

橋本 とりあえず全額の収益を計上しておいて、あとから、実は値引きがありましたとか、割戻しがありましたということで大幅に減額修正することがないように、本来、売上高というトップラインの数字を、ある程度達成可能な数字として示すということです。これはいわゆる売上の過大計上を防ぐ意味でも一つの有効な方策であると思います。

図表4　変動対価①

■原則的な取扱い

- 顧客と約束した対価のうち変動する可能性のある部分を「変動対価」という（会計基準第50項）。
  - ✓ 値引き、リベート、返金、インセンティブ、業績に基づく割増金、ペナルティー、返品権付きの販売等
- 顧客と約束した対価に変動対価が含まれる場合、財又はサービスの顧客への移転と交換に企業が権利を得ることとなる対価の額を見積る（会計基準第50項）。
- 変動対価の額の見積りにあたっては、次のいずれかのうち、企業が権利を得ることとなる対価の額をより適切に予測できる方法を用いる（会計基準第51項）。
  - ✓ 最頻値（発生し得ると考えられる対価の額における最も可能性の高い単一の金額）による方法
  - ✓ 期待値（発生し得ると考えられる対価の額を確率で加重平均した金額）による方法

© 2018 Accounting Standards Board of Japan All rights reserved.

図表5　変動対価②

■原則的な取扱い

- 見積られた変動対価の額については、変動対価の額に関する不確実性が事後的に解消される際に、解消される時点までに計上された収益の著しい減額が発生しない可能性が高い部分に限り、取引価格に含める（会計基準第54項）。
  - ✓ 公開草案では、「可能性が非常に高い」との表現を用いていたが、IFRSにおける可能性の程度及び我が国における他の会計基準等で用いられている表現に鑑み、「可能性が高い」との表現に変更しているものであり、公開草案から可能性の程度を下げることを意図したものではない（会計基準第143項）。

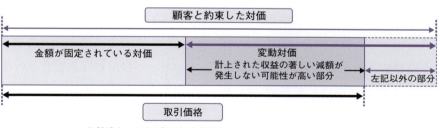

© 2018 Accounting Standards Board of Japan All rights reserved.

3. 収益認識基準で何が変わるのか

（1）何が変わって、何が変わらないのか

● 今回のサブタイトルは「何が変わって、何が変わらないのか」がテーマですから、収益認識基準で変わるところと変わらないところを、明らかにしたいと思います。

そこで、まず橋本先生から、こういう分け方が正しいかどうかわかりませんが、財務会計、管理会計、税務、監査、このように考えていったときに、最も影響を受ける部分、あるいは最も大きく変わる部分は、何でしょうか。また、どういう点がそれぞれ変わっていくとお考えですか。

橋本　「連続と変化」ということですが、まず、財務会計の面では、今までの実現主義による売上計上から、履行義務の充足という新しい基準のもとで、経営成績あるいは財務業績の見え方がどう変わる

かという問題です。IFRS 15号の定めを基本的にすべて取り入れた新基準は、比較可能性や情報の有用性という観点からは、損益計算書のトップラインは、グローバルに改善するものと期待されます。

他方で、新基準には、履行義務の識別や変動対価といったむずかしい論点も含まれていますので、しかも、それを連結ベースでみていくというのは、今までなかなかそういう数値でやってきた経験がないので、本格適用までのこの3年ぐらいの間で新しい基準に慣れていくことだと思います。そして、受ける影響の度合いによっても各企業の対応は異なってくるでしょうが、代替的な取扱いを活用するなどして、結果的に、これまでと大きく変わらないかたちで収益の認識測定ができたとしても、企業には、外部報告によって利害関係者に説明する責任もありますので、新基準の下での収益の特徴をわかりやすく説明することも念頭に取り組む必要があります。

管理会計では、業績管理に結びつけて考える必要がありますから、今までの売上高と、新しい基準のもとでの売上高が大きく変わった場合は、経営者の業績評価にどのように反映させるべきかが重要です。一番影響が大きいと思われるのは、総額表示か純額表示かという点です。例えば、総額表示してきた売上高6兆円を新基準で2兆円と純額表示することになった場合を考えると、4兆円の違いが出るわけですので、これは管理会計上、大きな問題です。

また、親会社は何とか対応できるけれども、子会社など企業集団すべてに新しい収益認識基準の対応を求めることができるかという課題もあります。アメリカ基準もIFRSもほぼ同様の基準になっていますので、日本でも、そういったグローバルな管理会計を展開できるかどうか、国際的に展開する企業集団全体について、新基準という統一のものさしで業績評価ができるかも大きな課題といえましょう。

税務会計の面では、何といってもグローバルな動向に合わせた法人税法や基本通達の動向であります。先般成立した平成30年度改正法人税法は、新しい収益認識基準を基本的にすべて取り入れています。法人税法22条4項の「公正処理基準」に新しく「別段の定め」が入りましたし[10]、新設された法人税法22条の2の規定にはIFRS 15号の考え方が反映されています。このように法人税法の課税所得計算規定については、今日司会の町田先生の生まれた1967年（昭和42年）に公正処理基準を導入して以来の約50年ぶり大改正となりました。これを受けて法人税基本通達も改正されました。

ただ、一方で、公平な所得計算の観点から、税法独自の取扱いを認めているところもあります。特に「税会一致」でやっていけるところと、会計上の処理と税務上の処理の違う点をこれからよく洗い出していく必要があるのではないかと思います。

最後に、監査に関してですが、一つは内部統制です。会社側が、IFRSとか日本の新しい収益認識の基準に合わせた財務報告の体制がとれるかどうかによって、監査も、新しい基準の趣旨を理解したうえで適正な売上高の表示ができているかのチェックといいますか、監査人の目から見て、この売上高でいいのかをもう一度見る機会になると思います。もう一つは財務諸表監査ということで、会社と同様に監査法人も、監査報告書における「監査上の主要な検討事項」の記載も視野に入れつつ、新しい基準のもとでの監査体制の整備を進めていく必要があります。

● 小野先生にもお伺いします。小野先生個人のご意見としてで結構ですが、どこに最も影響があると想定されていますか。

小野 業種によって大きく影響を受ける業種とそうではない業種に分かれると思いますが、影響は広範囲及ぶため一概にはいえないと思います。

IFRS 15号は今年の1月から強制適用になっており、日本のIFRS任意適用企業も適用を開始してい

ますので、今後、どのような影響が出てくるかがある程度わかると思われ、興味をもっているところです。

（2） 適用と経過措置

● 今お話がありました適用と経過措置について、簡単にご説明いただけますか。

小野 2021年の4月1日から開始する事業年度から強制適用になります。

早期適用を認めていまして、3月決算に関しては、今年の4月1日から開始する事業年度の期首から早期適用ができます。それから、3月決算以外で、特に12月決算、1月決算、2月決算に関しては、事業年度の年度末に係る財務諸表から早期適用できることになっています。

経過措置は、連結でIFRS 15号を適用している場合に支障が生じないように、その中で認められている経過措置については、基本的にすべてそのまま取り入れるかたちにしております。

橋本 早期適用する企業がどのくらいあるかにもよりますけれども、IFRSを任意適用している会社は2018年1月から強制適用になっています。それ以外に、日本の企業の場合はどちらかというと強制適用になるまで待つタイプも多いので、しばらくは様子見で2021年の4月が近づかないと対応をはじめない会社も多いかもしれません。けれども、先進的な企業は早めに取り組むだろうと考えていますし、少なくとも上場企業は、早期適用していち早くベストプラクティスを構築してほしいです。

もっとも、新基準では、開示の注記事項についてはまだ扱っていません。まずトライアルでやってみて、どのような問題があるのか、今までの売上の計上の仕方と新しい基準のもとでどのくらい違うのか差異分析、影響度分析が必要ではないかと思います。

経過措置として、3年間という準備期間を設けていますので、その間に、まずは円滑に導入できるようにさまざまな配慮がなされると思います。特に業種別でいうと、いわゆる「特記事業」といわれるいろいろな業種ごとにさらに細かな規定があるような業種は、何とか今までどおりの方法を、特記事業のそれぞれの規則で認めてほしいという要望もあ

---

10) 法人税法22条4項「第二項に規定する当該事業年度の収益の額及び前項各号に掲げる額は、別段の定めがあるものを除き、一般に公正妥当と認められる会計処理の基準に従つて計算されるものとする。」

法人税法22条の2「内国法人の資産の販売若しくは譲渡又は役務の提供（以下この条において「資産の販売等」という。）に係る収益の額は、別段の定め（前条第四項を除く。）があるものを除き、その資産の販売等に係る目的物の引渡し又は役務の提供の日の属する事業年度の所得の金額の計算上、益金の額に算入する。

2 内国法人が、資産の販売等に係る収益の額につき一般に公正妥当と認められる会計処理の基準に従つて当該資産の販売等に係る契約の効力が生ずる日その他の前項に規定する日に近接する日の属する事業年度の確定した決算において収益として経理した場合には、同項の規定にかかわらず、当該資産の販売等に係る収益の額は、別段の定め（前条第四項を除く。）があるものを除き、当該事業年度の所得の金額の計算上、益金の額に算入する。

3 内国法人が資産の販売等を行つた場合（当該資産の販売等に係る収益の額につき一般に公正妥当と認められる会計処理の基準に従つて第一項に規定する日又は前項に規定する近接する日の属する事業年度の確定した決算において収益として経理した場合を除く。）において、当該資産の販売等に係る同項に規定する近接する日の属する事業年度の確定申告書に当該資産の販売等に係る収益の額の益金算入に関する申告の記載があるときは、その額につき当該事業年度の確定した決算において収益として経理したものとみなして、同項の規定を適用する。

4 内国法人の各事業年度の資産の販売等に係る収益の額として第一項又は第二項の規定により当該事業年度の所得の金額の計算上益金の額に算入する金額は、別段の定め（前条第四項を除く。）があるものを除き、その販売若しくは譲渡をした資産の引渡しの時における価額又はその提供をした役務につき通常得べき対価の額に相当する金額とする。

5 前項の引渡しの時における価額又は通常得べき対価の額は、同項の資産の販売等につき次に掲げる事実が生ずる可能性がある場合においても、その可能性がないものとした場合における価額とする。
　一　当該資産の販売等の対価の額に係る金銭債権の貸倒れ
　二　当該資産の販売等（資産の販売又は譲渡に限る。）に係る資産の買戻し

6 前各項及び前条第二項の場合には、無償による資産の譲渡に係る収益の額は、金銭以外の資産による利益又は剰余金の分配及び残余財産の分配又は引渡しその他これらに類する行為としての資産の譲渡に係る収益の額を含むものとする。

7 前二項に定めるもののほか、資産の販売等に係る収益の額につき修正の経理をした場合の処理その他第一項から第四項までの規定の適用に関し必要な事項は、政令で定める。

るようですけれども、まずは新しい29号の基準でやってみることが、国際的な比較可能性の面でも必要ではないかと思います。

4. 収益認識問題で残された課題
(1) 残された課題

● 今、注記の話、開示の話がありましたけれども、今般の基準の公表によって、残された課題としては何が挙げられるでしょうか。

橋本 やはり一番大きい課題は開示の部分です。IFRSの注記に比べて、日本基準の注記は強制適用までに考えると結論が先送りされています。

特に、IFRSは、契約残高の開示なども求めていますので、受注残高の残存履行義務の金額をいつ収益に認識するのか、これはある意味でいうと将来情報です。あとどのくらい受注残があって、それがいつごろ完成するかということですから、こういうものをどこまで見積れるか、あるいは本当にそれが開示されるのか、しかも、連結ベースで受注残高をどのように集計するのかといったむずかしい話になっています。

それから、契約資産・債権や契約負債といった新しい概念も導入されています。これまでも未請求売掛金というかたちで類似項目を立てているような例もありますけれども、多くの企業は、契約資産などは今まで計上したことはありませんので、この「契約資産」という概念をどのように定着させるかも大きな問題です。

それから、この「検討事項」にもありますけれども、そもそも「トップライン」に「売上高」という名前を使い続けるのか、それとも「収益」とか「営業収益」という何か新しい名前にするのかも含めて、業績をどのように示すかは、まだまだいろいろと課題が多く、新しい名称に変えるとなると、実務に及ぼすインパクトは、来年予定されている新元号への切替えに匹敵するような非常に大きなものとなるでしょう。

小野 今回の基準を開発しているときに、国際的にIFRS 15号を早期適用した企業の開示例・表示例をいくつか検討しましたが、さほど早期適用の事例は多くなかったため参考になりませんでした。今後、国内外の事例を踏まえて、投資家に与えるベネフィットと作成コストをよく分析して、対応していく必要があると考えています。

● 注記の話をもう少しお伺いします。FASBもIASBもそうですが、各国で注記プロジェクトをやっていますけれども、日本の注記プロジェクトの話はこれまであまり聞かなかったような気がします。

小野先生、日本の注記に関しては、金商法と会社法と両方あって、難しい問題があることは承知していますが、金商法だけに絞って考えたとしても、日本の注記についても、収益の認識問題だけではなく、注記全体を見直さなければいけないというお考えはないのでしょうか。

小野 現状では、ASBJのアジェンダに開示の包括的な見直しは含まれていません。IASBではリサーチプロジェクトの中で、開示原則と基本財務諸表の表示プロジェクトの二つを走らせており、現状ではこれらへの対応を行っています。

橋本 だんだんと注記・開示項目が多くなってくる傾向ですけれども、もう少し取捨選択をして重要なものを注記するといいますか、あるいは注記と本体との関係づけといいますか、そういうところをやっていく、あるいは、財務報告全体としてストーリー性をもたせる必要があるのではないかと思います。

(2) 今後の基準開発の課題

● 収益の認識からは少し離れますが、小野先生をお迎えしているので、お伺いしておいたほうがよいのではないかと最後に入れましたけれども、日

本の基準開発について、中期方針があるのは我々も当然承知していますが、もう少し幅広に考えて、あるいはもう少し俯瞰してみて、日本の基準開発はだいたい何合目まで来ていて、今後はどこに注力されていくか、こういう観点で一言お願いできますか。

小野 まず、町田先生がおっしゃったように、中期運用方針で掲げられている日本基準を高品質にするために、国際的な会計基準との整合性を確保するための取組みは、金融商品にしろ、公正価値にしろ、リースにしろ、関係者の合意を得ながら、しっかり進めていかなければいけないと思っています。

IASBの基準開発は、主要プロジェクトが終わり一段落しておりますが、今後も国際基準の開発は行われていくので、継続的な取組みが必要と考えています。

橋本 それとあわせて日本の会計基準の体系を見てみますと、有形固定資産とか、無形固定資産とか、減価償却もそうですけれども、そういう重要な項目の基準がまだ抜けている面がありますので、そういったところも体系立てて整備していく必要があり、その意味でいうと、収益認識は一つのスタートラインとして非常にいいのではないかと思います。

III 次世代の会計プロフェッションへのメッセージ

● では最後に、毎号の恒例ですが、次世代の会計プロフェッションへのメッセージをお願い致します。

この雑誌は、青山学院大学大学院会計プロフェッション研究科という会計大学院が刊行している雑誌ですので、本研究科の大学院生やOB・OG、それから今後の将来を担う会計士や税理士、もしくは企業内で働く次世代の会計プロフェッションたちに、お二人からのメッセージをお願い致します。

小野 ASBJの母体である公益財団法人財務会計基準機構（FASF）では、国際会計人材の育成を掲げており、これが政府のいわゆる成長戦略にも含まれていました。

国際会計人材が継続的に育っていく手立てが必要だということで、ASBJとFASFが協力して、会計人材支援プログラムを行っており、今、4期目に入っています。

また、昨年からFASFでは、「日本再興戦略2016」を受けて、IFRSに関して国際的な場で意見発信できる人材及びIFRSに基づく会計監査の実務を担える人材等の育成等を目的として企業人、会計士、証券アナリスト等を対象に国際会計人材ネットワークを構築し、交流・意見交換を行うための場を設けながら、個人のキャリア開発のサポートをしています。

これらのプログラムの運営のお手伝いを通じて、日本の企業の国際社会での活躍に比して、日本に国際会計人材といえる人材がそれほど多くないことに驚きと危機感をもっています。

これからの会計はコンピュータがAIですべてやってくれ、会計を担当する人材に対するニーズはなくなるという話があり、若い人の会計に対する人気がなくなってきていると聞いています。しかし、実際は、深い会計知識を持つと同時に多様な能力と技能を持った会計人材が社会では必要とされています。いつの時代になっても会計は企業活動を支える重要インフラであることに変わりはなく、コンピュータが高度に発達した環境下においても会計に精通した知恵をもった人間が必要です。

企業が国際化し、会計もIFRSが身近な会計基準として存在するようになりましたから、英語で会計基準を読み、理解し、議論することのできる人が一部の人に限られても済む時代ではなくなりました。グローバル化した国際社会に組み込まれている日

本の若い人は、会計の分野においても活躍の場を広く世界に求めるべきだと思います。

橋本 収益の認識基準は、非常に大きなインパクトを与えるもので、これからは、会計教育の領域でも、実務の領域でも、あるいは研究の領域でも、新しい基準を当然知らなくてはいけないということで、収益認識の新しい基準の前と後では会計人材に要求される資質もかなり変わってくるのではないかと思います。新しい基準を使いこなせるだけの資質を備えることを、特に次世代の若い会計プロフェッションには求めたいと思います。

それから、いろいろな判断力の養成ですとか適用能力の養成によって、AI時代を生き抜ける会計人材になれるのではないかと思います。

会計教育の面では、新しい収益認識の基準をどのように教えるかということは、我々教育者にとって内外ともに喫緊の課題です。特に、会計離れの進む我が国の学部の会計教育における5ステップの有効かつ効率的な教育方法について思いを巡らせているところです。

最後になりますが、小野先生は2014年の4月からASBJの委員長に就任されましたけれども、早速5月にはIFRS 15号ができまして、まさに小野先生の委員長のお仕事は、収益認識にこれまでほとんど捧げられてきたと感じております。そういった意味でも、今日の小野先生との対談は、非常に感慨深いひとときになりました。

ありがとうございました。

● 本日は、どうもありがとうございました。

（なお、本対談は、町田祥弘（青山学院大学大学院会計プロフェッション研究科教授）の司会進行により、2018年6月22日に実施したものである。）

特集 Ⅱ

『収益認識に関する基準』を考える

- 収益認識パターンの区分－ライセンス供与の位置づけ／秋葉賢一
- 収益認識に関する会計基準における
  工事進行基準の理論的説明の合理性について／倉田幸路
- 収益認識実務の変化と会計基準の体系を支える基礎概念／米山正樹
- 収益認識会計基準と税法における年度帰属原則
  との接点と乖離／小林裕明
- 収益認識会計基準と監査／會田将之

特集Ⅱでは、特集Ⅰでテーマにも取り上げた「収益認識に関する基準」について、収益認識問題について、知見のある学者及び実務家5名の方々に、それぞれの観点から、基準における課題や影響を論じていただいた。基準における焦点となる問題、過去の収益認識の議論の変遷を踏まえた理論的考察、基準設定全般に関わる議論、税務や監査との関連性など、多様かつ興味深い論稿からなる特集である。

特集 II

収益認識パターンの区分
－ライセンス供与の位置づけ

早稲田大学大学院会計研究科 教授
秋葉 賢一

　企業会計基準委員会（ASBJ）が2018年3月に公表した企業会計基準第29号「収益認識に関する会計基準」（以下「収益認識会計基準」）において、ライセンス供与における収益認識パターンの区分の要件は一般的な場合と異なるが、その理由は示されていない。IFRS第15号「顧客との契約から生じる収益」でもその理由を示していないが、その検討経緯からは、ライセンスの供与とリースとは類似しているものの、経路依存的に財・サービスの収益認識とともに検討され、リースにおける貸手の会計処理の議論の影響も受けたことが、その一因ではないかと推察される。

 はじめに―問題意識

　収益認識会計基準では、国内外の企業間における財務諸表の比較可能性の観点から、IFRS第15号の定めを取り入れるという方針をとり、その内容を基礎としている。このため、収益認識会計基準では、具体的な会計処理の背景や趣旨に触れていないことが少なくない。その1つとして、収益認識パターンの区分が挙げられ、特にライセンス供与における区分の要件は、一般的な場合と異なるが、その理由は示されていない。本稿では、その一端を探ることを狙いとする。

 収益認識パターンの区分の要件とその必要性

1．一般的な場合

　収益認識会計基準では、約束した財・サービス[1]を顧客に移転することにより、**図表1**のいずれかを満たす場合には、履行義務を充足するにつれて収益を認識することとし（38項）、いずれも満たさない場合には、履行義務が充足される時に収益を認識す

図表1　一定の期間にわたり収益認識する要件（いずれかを満たす場合）

要件	内　容
(1)	企業が顧客との契約における義務を履行するにつれて、顧客が便益を享受すること
(2)	企業が顧客との契約における義務を履行することにより、資産が生じる又は資産の価値が増加し、当該資産が生じる又は当該資産の価値が増加するにつれて、顧客が当該資産を支配すること
(3)	次の要件のいずれも満たすこと ①企業が顧客との契約における義務を履行することにより、別の用途に転用することができない資産が生じること ②企業が顧客との契約における義務の履行を完了した部分について、対価を収受する強制力のある権利を有していること

るとしている（39項）。

　収益認識会計基準16項では、約束した財・サービスの顧客への移転を、当該財・サービスと交換に企業が権利を得ると見込む対価の額で、描写するように収益を認識するという「基本となる原則」を示している。この際、同115項では、IFRS第15号と同様に、顧客との契約から生じる収益及びキャッシュ・フローの性質、金額、時期及び不確実性に関する有用な情報を財務諸表利用者に報告するため

に、基本となる原則を示しているとしている。しかしながら、IFRS第15号と同様に、収益認識会計基準では、この原則が、なぜ有用な情報を提供するのかには触れていない[2]。

そのような「なぜ」を抜きにして、基本となる原則に沿って、約束した財・サービスの顧客への移転を描写するように、収益認識会計基準134項において、多くのサービス契約では、サービスを顧客が受け取るのと同時に消費しており、したがって、サービス契約期間にわたって移転するため、**図表1**の要件(1)を示している。また、同135項において、企業の履行によって仕掛品等が生じる又はその価値が増加する契約については、**図表1**の要件(2)又は(3)を満たすかどうかによって判定することとしている。

なお、同152項において、支配の移転の考え方と工事契約への適用について若干の説明があり、工事契約についてもIFRS第15号における会計処理を取り入れることとしたとしている[3]。

IFRS第15号BC118項－BC123項に基づけば、従来の収益認識の時期は、財かサービスかに応じて区分され、さらに基本的な仕様や作業内容を顧客の指図に基づいて行う請負工事かどうかに関連させて区分されていたが、IFRS第15号では、それらを支配の移転という1つの枠組みの中で捉えつつ、関係者の懸念に対処するため、財・サービスが顧客に移転される時期の属性に焦点を当てた区分を定めているとしている（**図表2**参照）。

図表2　収益認識のパターンと対象となる取引のイメージ

収益認識の パターン	企業会計原則・ 工事契約会計基準	収益認識会計基準
一定の期間 にわたる収益 の認識	サービスの提供	一定の期間にわたる財・ サービスの移転（＊2）
	長期請負工事／ 工事契約（＊1）	
一時点での 収益の認識	財の販売	一時点での財・サービス の移転

（＊1）　工事完成基準の適用の場合を除く。
（＊2）　原価回収基準の適用の場合を除く。

わが国において、そのような必要性が顕在化していたのかどうかは不明であるが、少なくともIFRS第15号BC464項－BC465項では、特定の項目が財かサービスか、したがって、その観点で収益の認識を一定の期間にわたり行うか一時点で行うかの判定は困難であり[4]、その区分を捉え直す必然性があったとしている[5]。

2. ライセンス供与の場合

わが国では、知的財産のライセンスに関する一般的な定めはなく、実務上、個々の契約の内容を勘案して個別に判断が行われていると考えられる（ASBJ（2016））。これに対し、企業会計基準適用指針第30号「収益認識に関する会計基準の適用指針」（以下「適用指針」）61項では、ライセンス（企業の知的財産に対する顧客の権利を定めるもの）を供与する約束が、他の財・サービスを移転する約束と別個のものでない場合には、これらを一括して単一の履行義務とし、**図表1**に従って、一定の期間にわたり充足される履行義務か、一時点で充足される履行義務かを判定することとしている。

また、ライセンスを供与する約束が、他の財・サービスを移転する約束と別個のもの（すなわち、独立した履行義務）である場合、適用指針62項－63項では、顧客が権利を有している知的財産の形態、機能性又は価値が継続的に変化している（すなわち、**図表3**の要件のすべてを満たす）ときがあり、このときの約束の性質は、顧客にライセンス期間にわたり存在する企業の知的財産にアクセスする権利を提供するものであり、一定の期間にわたり収益を認識することとしている。**図表3**の要件を1つでも満たさないときには、ライセンスが供与される時点で存在する企業の知的財産を使用する権利の提供であり、一時点で充足される履行義務としている。

適用指針145項では、ライセンスを供与するという約束の性質を識別しない場合には、ライセンス供

図表3 ライセンスの供与において一定の期間にわたり収益認識する要件（すべてを満たす場合）

要件	内容
①	ライセンスにより顧客が権利を有している知的財産に著しく影響を与える活動を企業が行うことが、契約により定められている又は顧客により合理的に期待されていること
②	顧客が権利を有している知的財産に著しく影響を与える企業の活動により、顧客が直接的に影響を受けること
③	顧客が権利を有している知的財産に著しく影響を与える企業の活動の結果として、企業の活動が生じたとしても、財・サービスが顧客に移転しないこと

与における財・サービスに対する支配を顧客がいつ獲得するか判断することが困難であることを踏まえ、ライセンスを2つの種類に区分するために要件を定めているとしている。しかしながら、財・サービスを移転する約束のうち、なぜライセンスを供与する約束だけを異なる要件としているかについては示していない。

3. リース取引の場合

　企業会計基準第13号「リース取引に関する会計基準」（以下「リース会計基準」）3項は、リース取引に係る会計処理に適用するとし、無形資産のリース取引についても対象としていると考えられる（ASBJ(2010)）。企業会計基準適用指針第16号「リース取引に関する会計基準の適用指針」は、例えば115項で記載のように、ソフトウェアのリース取引も想定している。

　収益認識会計基準3項(2)では、リース会計基準の範囲に含まれるリース取引には適用しないこととしているが、同104項では、「ライセンスの供与については、本会計基準の適用範囲に含まれるが、リース会計基準に従って処理される契約の取扱いを変えることを意図するものではない」としている。このため、ライセンスの供与以外の無形資産のリース取引については、**図表4**のいずれかを満たさない場合には、オペレーティング・リース取引として一定の期間にわたり収益を認識し、いずれも満たす場合には、ファイナンス・リース取引として一時点で収益を認識すると考えられる。

図表4 リース取引において一定の期間にわたり収益認識する要件（いずれかを満たさない場合）

要件	内容
A	リース契約に基づくリース期間の中途において当該契約を解除することができないリース取引、又はこれに準ずるリース取引（解約不能のリース取引）
B	借手が、リース物件からもたらされる経済的利益を実質的に享受することができ、かつ、当該リース物件の使用に伴って生じるコストを実質的に負担することとなるリース取引（フルペイアウトのリース取引）

　リース会計基準28項－29項では、法的には賃貸借取引であるリース取引のうち、ファイナンス・リース取引については、経済的実態に着目し、また、割賦売買取引との会計処理の比較可能性を考慮したものとしている。このため、ファイナンス・リース取引については、財の販売とみて通常の売買取引に係る方法に準じて収益を認識し、オペレーティング・リース取引については、賃貸サービスの提供とみて通常の賃貸借取引に係る方法に準じ、一定の期間にわたり収益を認識する。

III IFRSにおけるライセンスの供与における収益認識

1. IASBにおける検討の経緯

　前述したように、収益認識会計基準では、ライセンスの供与が、なぜ一般的な収益認識パターンの区分の要件と異なるかについて触れていない。IFRS第15号でもその理由を示していないが、収益認識会計基準では、IFRS第15号の定めを基本的にすべて取り入れるという方針の下で公表されているため、まずIASBにおける検討経緯を確認する。

　IFRSでは、以前からIAS第17号「リース」において、映画フィルムや特許権などのライセンス契約を適用範囲外としており、IAS第18号「収益」

において、企業資産の第三者による利用から生じる収益の1つとして、ロイヤルティ（企業により保有される長期資産、例えば特許権、商標権、著作権及びコンピュータ・ソフトウェアの利用に対する対価）を、関連する契約の実質に従って発生基準で認識するとしていた。

しかし、IAS第18号では、契約の実質の評価に関して最小限のガイダンスしか提供していなかったため、ライセンスの会計処理については実務の重大な不統一があったとされる（IFRS第15号 BC464項）。また、ライセンスとリースは、顧客が企業の資産自体を所有せず、それを使用する権利を得るという類似の性格を有する場合が多いものの、ライセンスであれば一時点で収益を認識し、リースであれば、一定の期間にわたり収益を認識するという相違があったとされる（IASBが2011年11月に公表した再公開草案（ED）「顧客との契約における収益認識」（以下「2011年再ED」）BC310項）。

IASBは、2008年12月公表のディスカッションペーパー「顧客との契約における収益認識に関する予備的見解」に対してライセンス供与へのコメントが多かったため、2010年6月公表のED「顧客との契約における収益認識」（以下「2010年ED」）において、この論点を検討し（BC221項）、並行していたリース・プロジェクトにおける暫定的な決定（貸手はリースの期間中にわたって収益認識する）[7]がすべてのライセンス供与について適切ではないと考えたとしている（BC223項）。2010年EDでは、企業が独占的な権利を付与している場合、履行義務があり、使用を認めている期間にわたり収益を認識し（B34項）、独占的でない権利を付与している場合、ライセンス期間の開始後、顧客がその権利を利用して便益を得ることができる時に収益を認識する（B35項）ことを提案していた[8]。

2010年EDへのコメント提出者の大半は、独占的かどうかによって履行義務の性質に影響はないため、その提案に反対し（2011年再ED BC314項）、したがって、2011年再EDでは、知的財産のライセンスの付与は、顧客がその権利の支配を獲得した時に、企業が一時点で充足する履行義務であることを提案した（B34項）。これは、約束した資産の支配の移転に焦点を当てる考え方に沿っていること、これまでの会計処理と整合性が高いこと、2011年7月のリース・プロジェクトにおける暫定的な決定[9]と整合的であったことによる（BC316項）。

しかし、IFRS第15号では、2011年再EDへのコメントを考慮し再検討した中で、ライセンスは非常に多様性があり、異なる特徴や経済的特性によってライセンスが提供する権利に著しい相違が生じていることに着目し、知的財産に対する企業の継続的な関与の結果、顧客が権利を獲得した知的財産が動的である（dynamic）場合、顧客はライセンスに対する支配を一時点で獲得しておらず、ライセンスが顧客に提供するものは、その時々において存在している形態での知的財産に対するアクセスであるとしている（BC403項）。

したがって、IFRS第15号では、ライセンスを供与した際の約束の性質を、期間にわたってアクセスする権利を提供することか、供与時点で使用する権利を提供することかの2つの類型に区別した。**図表3**の要件は、支配の定めに厳格に依拠するものではないが、このように定めたのは、顧客がライセンスにおいて財・サービスに対する支配をいつ獲得するのかの評価は、まず企業の履行義務の性質を識別しないと困難であることによるとしている（BC404項、BC414C項）。

2. 収益認識パターンの区分におけるライセンス供与の位置づけ

1で示したように、IASBでは、IFRS第15号公表に至る過程において、ライセンス供与の収益認識を、常に一般的な場合とは別に議論していた。これ

は、以下によると考えられる。

（1）ライセンスとリースは、類似の性格を有する場合が多いものの、使用許諾者の収益認識について、IFRSでは、以前からIAS第17号ではなくIAS第18号において定めていた。このため、改正後も、IFRS第16号「リース」ではなくIFRS第15号において定めている。

（2）IAS第18号では、ライセンスについての収益認識の時期を、ライセンスが財かサービスかに基づき定めているわけではなかった（IFRS第15号BC467項）。むしろライセンスについては、リースにおける貸手の処理との異同を意識し、2010年EDでは独占的な権利を付与するかどうかでの区分を提案し、2011年再EDでは一時点で充足する履行義務であることを提案したものの、2014年公表のIFRS第15号ではライセンスを供与した際の約束の性質により区分している。

IFRS第15号では、ライセンスの会計処理に関する適用指針を設け、それは、収益認識モデルの主要なステップである支配の移転の評価に関連したものであり、2種類のライセンスを区別して実行可能としたとしている（BC468項）。また、IFRS第15号における枠組みは、サービスの提供や知的財産のライセンスなど、以前には包括的に扱われていなかった取引を定めることによって隙間を埋めているとしている（BC461項）。

これらからは、収益認識パターンの区分について異なる要件が設けられた点を強調するよりも、一般的な財・サービスとライセンスに関する収益認識の考え方や実務が、IAS第18号では別々であったものの、IFRS第15号では、支配の移転という1つの枠組みの下、収益認識パターンを2つ示している中で、その区分の要件が指針レベルで相違しているに過ぎないとみることができる。

ただし、ライセンスの供与はリースと類似しているものの、経路依存的に財・サービスの収益認識とともに検討され、リースにおける貸手の会計処理の議論の影響も受けたことが、一般的な収益認識パターンの区分の要件と異なることとなった一因ではないかと推察される。

【注】

1）収益認識会計基準35項では、「本会計基準において、顧客との契約の対象となる財又はサービスについて、以下「資産」と記載することもある」として、収益認識の時期に関する定めの一部においては、「資産」としている。しかし、その必然性が不明であるため、本稿では、原則どおり「財・サービス」としている。なお、これに対応すると思われるIFRS第15号31項でも、理由を明示せず、財・サービスを資産と言い換えている。

IFRS第15号における収益認識は、従来のようなリスクと経済価値の移転ではなく、支配の移転によって判断されているが、財はともかく、サービスについては支配の移転を観念することが難しいため、サービスの場合でも受け取って使用する時点では資産であり（33項）、資産として支配するといった記述（例えば、BC118項（a）、BC120項、BC122項）によって違和感を少なくしているものと思われる。このように、サービスが資産の定義を満たすことについては、IASBが2018年3月に改正した「財務報告に関する概念フレームワーク」4.8項において記載されており、また、サービスと支配との親和性が低い関係は、IFRS第15号において2016年4月に明確化された本人と代理人の区分におけるガイダンス（B34項－B38項）にもみられる。

2）この点は、秋葉（2017a）（2017b）参照。

3）顧客による支配の獲得と収益の時点認識と継続認識に関するIASBでの検討経緯については、座談会（2017）における辻山栄子氏発言（11-12頁）参照。また、斎藤（2013）247頁では、図表1のような要件は、おそらく進行基準を認めるために後から考えられた理屈であろうとしている。

4）IFRS第15号BC123項では、サービスを明確に定義することは困難であり、一般にサービスと考えられている契約のすべてが一定の期間にわたる顧客への資源の移転を生じるわけではないとしている。

5）例えば、2008年公表のIFRIC解釈指針第15号「不動産の建設に関する契約」では、不動産の建設を、財又はサービスのどちらとして会計処理するのかに関する解釈を示していたが、多くの人々は、その理解と適用が困難であると考えていたとされる（IFRS第15号BC464項）。また、IFRS第15号BC466項では、その適用により、従来ではサービスと判断することが困難であった契約（例えば、いくつかの製造サービス契約や住宅用不動産の建設についての契約）について変更を生じる可能性があるとしている。

6）この記載は、2017年7月公表の企業会計基準公開草案第61号「収益認識に関する会計基準（案）」では示されていなかった。このため、無形資産のリース取引から生じる収益については、リース会計基準が適用され、収益認識会計基準は適用されない提案であったが、企業会計基準適用指針公開草案第61号「収益認識に関する会計基準の適用指針（案）」では、無形資産のリース取引と類似した、知的財産のライセンスを供与した場合の取扱いを提案しており、2つの会計基準の適用関係が不明確であった（この点については、秋葉（2017b）参照）。

7）これは、2009年5月開催のIASBボード会議で暫定的に決定された（山田（2009））。しかし、2010年3月開催のIASBとFASBの合同会議において、IASBは、履行義務モデルよりも認識中止モデルを選好することに暫定的に合意した（山田（2010））。

8) ASBJ (2011) では、IASB が 2010 年 8 月に公表した ED「リース」では、貸手の会計処理において、履行義務アプローチと認識中止アプローチが提案されており、2010 年 ED との整合性が必ずしも図られていないとしていた。

9) これは、債権・残存資産アプローチと呼ばれ、貸手は、リース取引開始日に、使用権資産を借手に移転し、当該使用権資産に係る利益が合理的に確実である場合には、一時に当該利益を認識し、合理的に確実でない場合、リース期間にわたって当該利益を認識するものであった（IASB (2011)）。しかし、2013 年 5 月公表の ED「リース」では、借手と同様、リース期間にわたってリース物件の経済的便益の重要でないとはいえない部分を借手が費消するかどうかという考え方に沿って、リースを 2 つ（タイプ A、タイプ B）に分類することを提案していた（秋葉 (2013)）。

〈参考文献〉

IASB (2011) IASB Update July 2011

秋葉賢一 (2013)「気になる論点 (79) IASB の再公開草案「リース」(3) －貸手における利益認識－」『経営財務』No. 3121

――――― (2017a)「気になる論点 (195) 発生の可能性が高い－企業会計基準公開草案第 61 号①－」『経営財務』No.3325

――――― (2017b)「徹底解説！ 収益認識基準（案） 開発にあたっての基本的な方針と適用範囲」『企業会計』Vol.69 No.11

企業会計基準委員会 (ASBJ) (2010)『リース会計に関する論点の整理』

――――― (2011)『顧客との契約から生じる収益に関する論点の整理』

――――― (2016)『収益認識に関する包括的な会計基準の開発についての意見の募集』

斎藤静樹 (2013)『会計基準の研究（増補改訂版）』 中央経済社

座談会 (2017)「『収益認識に関する会計基準（案）』等の公表を受けて」『季刊 会計基準』vol.58

山田辰已 (2009)「IASB 会議報告（第 91 回及び第 92 回会議）」『会計・監査ジャーナル』Vol.21 No.8

――――― (2010)「IASB 会議報告（第 111 ～ 113 回会議）」『会計・監査ジャーナル』Vol.22 No.6

秋葉 賢一（あきば けんいち）

早稲田大学 大学院会計研究科教授。
1986 年英和監査法人（現・有限責任あずさ監査法人）入所。同法人代表社員を経て、2009 年より現職。この間、日本銀行金融研究所客員研究員、金融庁企業会計審議会幹事、企業会計基準委員会主席研究員などを歴任。主著『エッセンシャル IFRS（第 6 版）』（中央経済社）など。

特集 II

収益認識に関する会計基準における工事進行基準の理論的説明の合理性について

立教大学 名誉教授
倉田 幸路

2018年3月に企業会計基準第29号「収益認識に関する会計基準」が公表された。この新しい収益認識基準に関して、工事進行基準の理論的説明を検討し、従来の日本における理論的説明との相違を検討し、資産・負債アプローチにおける首尾一貫した説明の一つの試みであると評価した。しかし、業種ごとの収益認識の多様性もあり、会計基準の適用後レビューの重要性を指摘した。

はじめに

これまで収益認識に関して、企業会計基準第15号「工事契約に関する会計基準」（以下、工事契約会計基準と呼ぶ）及び企業会計基準適用指針第18号「工事契約に関する会計基準の適用指針」（平成19年12月）はあったものの、収益認識に関する基準としては、「企業会計原則」（最終改正昭和57年4月）における「第二 損益計算書原則」三Bにおいて、「売上高は、実現主義の原則に従い、商品等の販売又は役務の給付によって実現したものに限る。ただし、長期の未完成請負工事等については、合理的に収益を見積り、これを当期の損益計算に計上することができる。」と規定し、これに【注6】実現主義の適用についてと【注7】工事収益についてという注解がついているだけで、包括的な収益認識に関する基準はなかった。

しかし、2018年3月企業会計基準第29号「収益認識に関する会計基準」（以下、収益認識会計基準と呼ぶ）及び企業会計基準適用指針第30号「収益認識に関する会計基準の適用指針」（以下、収益認識適用指針と呼ぶ）が公表された。これは、国際会計基準審議会（IASB）と米国財務会計基準審議会（FASB）との共同プロジェクトにより、2014年5月に、IASBは国際財務報告基準第15号（IFRS 15）「顧客との契約から生じる収益」を公表し、FASBはTopic 606を公表したことを受けて開発された基準である。「当委員会では、収益認識に関する会計基準の開発にあたっての基本的な方針として、IFRS第15号と整合性を図る便益の1つである国内外の企業間における財務諸表の比較可能性の観点から、IFRS第15号の基本的な原則を取り入れることを出発点とし、会計基準を定めることとした。」（収益認識会計基準97項）と述べているように、IFRS 15との整合性を重視したものとなっている。つまり、一言でいえば、これまでの収益の側から実現の時点を定めるのではなく、資産・負債アプローチのもと、資産・負債の側から収益認識の基準を開発したものとみることができる。

本稿では、この新しい収益認識基準において、これまで長期請負工事について認められてきた工事進行基準の理論的説明はどのように変化したかについて検討することとしたい。以下、新しい収益認識会計基準における工事進行基準の説明、日本におけるこれまでの工事進行基準に関する理論的説明、及び工事進行基準の理論的説明の合理性についてみるこ

とにしたい。

収益認識会計基準における工事進行基準

収益認識会計基準[1]において、収益認識の基本となる原則として、「約束した財又はサービスの顧客への移転を当該財又はサービスと交換に企業が権利を得ると見込む対価の額で描写するように、収益を認識することである。」(16項)と述べ、「財又はサービスの顧客への移転」と「企業が権利を得ると見込む対価の額」で認識するということは、従来の実現原則と基本的考え方の点では大きく変わらない。しかし、具体的なステップでは、以下のように規定し、その特徴を明らかにしている（17項）。

(1) 顧客との契約を識別する。
(2) 契約による履行義務を識別する。
(3) 取引価格を算定する。
(4) 契約における履行義務に取引価格を配分する。
(5) 履行義務を充足した時に又は充足するにつれて収益を認識する。

このように、資産・負債の側から認識し、収益を一時点で認識されるものも、一定期間にわたり認識するものも共通の要件により収益を認識するものである。この5つのステップに関して、特に工事進行基準に関連する点をみることにしたい。

はじめに契約の結合についてみると、つぎのように規定している。

「同一の顧客（当該顧客の関連当事者を含む。）と同時又はほぼ同時に締結した複数の契約について、次の (1) から (3) のいずれかに該当する場合には、当該複数の契約を結合し、単一の契約とみなして処理する。

(1) 当該複数の契約が同一の商業的目的を有するものとして交渉されたこと
(2) 1つの契約において支払われる対価の額が、他の契約の価格又は履行により影響を受けること
(3) 当該複数の契約において約束した財又はサービスが、第32項から第34項に従うと単一の履行義務となること。」(27項)

このように、複数の契約であっても単一の契約とみなして処理されることもあれば、34項に規定されるように、「(1) 当該財又はサービスから単独で顧客が便益を享受することができること、あるいは、当該財又はサービスと顧客が容易に利用できる他の資源を組み合わせて顧客が便益を享受することができること（すなわち、当該財又はサービスが別個のものとなる可能性があること）」及び「(2) 当該財又はサービスを顧客に移転する約束が、契約に含まれる他の約束と区別して識別できること（すなわち、当該財又はサービスを顧客に移転する約束が契約の観点において別個のものとなること」という2つの要件をいずれも満たす場合は、別個のものとして区別される。

特に工事進行基準にとって問題となるのは、履行義務の充足による収益の認識の問題である。35項において、「企業は約束したサービスを顧客に移転することにより履行義務を充足した時に又は充足するにつれて、収益を認識する。資産が移転するのは、顧客が当該資産に対する支配を獲得した時又は獲得するにつれてである。」と述べている。長期請負工事は一定期間にわたり充足される履行義務であるので、この判定が重要となる。38項において、以下のように規定している。

「次の(1)から(3)の要件のいずれかを満たす場合、資産に対する支配を顧客に一定の期間にわたり移転することにより、一定の期間にわたり履行義務を充足し収益を認識する。

(1) 企業が顧客との契約における義務を履行するにつれて、顧客が便益を享受すること
(2) 企業が顧客との契約における義務を履行することにより、資産が生じる又は当該資産の価値が増加し、当該資産が生じる又は当該資産の価値が増

加するにつれて、顧客が当該資産を支配すること
(3) 次の要件のいずれも満たすこと
　① 企業が顧客との契約における義務を履行することにより、別の用途に転用することができない資産が生じること
　② 企業が顧客との契約における義務の履行を完了した部分について、対価を収受する強制力のある権利を有していること。」

このうち、(1)は継続的なサービスの提供（例えば、土地、建物の賃貸や貸付金等の資金の提供）であり、長期請負工事とは関係なく、(2)と(3)の要件が関連する。つまり、企業が義務を履行することにより資産の価値が増加し、これにつれて顧客が当該資産を支配すること、あるいは企業が義務を履行することにより別に転用できない資産が生じ、義務の履行を完了した部分について対価を収受する強制的な権利を有していることが要件となる。ここで、資産を別の用途に転用できない場合とは、「別の用途に容易に使用することが契約上制限されている場合、あるいは完成した資産を別の用途に容易に使用することが実務上制約されている場合」（適用指針10項）であり、対価を収受する強制力のある権利を有している場合とは、「企業が履行しなかったこと以外の理由で契約が解約される際に、少なくとも履行を完了した部分についての補償を受ける権利を有している場合である」（適用指針11項）。

例えば、住宅建設会社が、建設中の区画について販売契約をしたとしても、履行を完了した部分について、対価を収受する強制力のある権利を有していないと判断されれば、一定期間にわたり充足される履行義務ではなく、一時点で充足される履行義務として処理される（収益認識適用指針［設例8-1］）。しかし、顧客が解約する権利を有していなく、企業が対価を受け取る強制力を持っているならば、一定期間にわたり充足される履行義務となる（収益認識適用指針［設例8-2］）。

また、一定期間にわたり充足される履行義務は、進捗度を見積る必要があり（41項）、単一の方法で履行義務の充足に係る進捗度を見積り、類似の履行義務及び状況に首尾一貫した方法を適用する（42項）。進捗度を合理的に見積もることができる場合にのみ一定期間にわたり充足される履行義務の考え方が収益認識に適用でき（44項）、「履行義務の充足に係る進捗度を合理的に見積ることができないが、当該履行義務を充足する際に発生する費用を回収することが見込まれる場合には、履行義務の充足に係る進捗度を合理的に見積ることができる時まで、一定期間にわたり充足される履行義務について原価回収基準により処理する。」（45項）と規定している。したがって、38項の要件を満たすものが一定期間にわたり充足される履行義務となるが、進捗度を合理的に見積もることができる場合にのみこの基準が適用され、進捗度を合理的に見積もることができないが、発生する費用を回収することが見込まれる場合には、原価回収基準が用いられることになる。

また、履行義務の充足に係る進捗度の適切な見積りにはインプット法とアウトプット法があり、「その方法を決定するにあたっては、財又はサービスの性質を考慮する。」（適用指針15項）としている。アウトプット法とは、「現在までに移転した財又はサービスの顧客にとっての価値を直接的に見積もるものであり、現在までに財又はサービスと契約において約束した残りの財又はサービスとの比率に基づき、収益を認識するものである。アウトプット法に使用される指標には、現在までに履行を完了した部分の調査、達成した成果の評価、達成したマイルストーン、経過期間、精算単位数、引渡単位数等がある。」（適用指針17項）であり、「インプット法は、履行義務の充足に使用されたインプットが契約における取引開始日から履行義務を完全に充足するまでに予想されるインプット合計に占める割合に基づ

き、収益を認識するものである。」「インプット法に使用される指標には、消費した資源、発生した労働時間、発生したコスト、経過期間、機械使用時間等がある。」（適用指針20項）と説明している。従来の企業会計基準第15号「工事契約に関する会計基準」では、決算日における工事進捗度の見積り方法について、「決算日における工事進捗度は、原価比例法等の、工事契約における施工者の履行義務全体との対比において、決算日における当該義務の遂行の割合を合理的に反映する方法を用いて見積る。工事契約の内容によっては、原価比例法以外にも、より合理的に工事進捗度を把握することが可能な見積方法があり得る。このような場合には、原価比例法に代えて、当該見積方法を用いることができる。」（工事契約会計基準15項）とし、ここで原価比例法とは、「決算日における工事進捗度を見積る方法のうち、決算日までに実施した工事に関して発生した工事原価が工事原価総額に占める割合をもって決算日における工事進捗度とする方法をいう。」（工事契約会計基準6項(7)）と述べて、いわゆるインプット法を原則としていた。その他の方法としてアウトプット法を明らかにしたと言える。

つぎに、収益の額の算定について、履行義務を充足した時に又は充足するにつれて、取引価格のうち、当該履行義務に配分した額について収益を認識する（46項）が、この取引価格の算定にあたって考慮される影響のうち、ここでは、変動対価と重要な金融要素についてみることにする。

変動対価とは、「顧客と約束した対価のうち変動する可能性のある部分」（50項）であり、「変動対価の額の見積りにあたっては、発生しうると考えられる対価の額における最も可能性の高い単一の金額（最頻値）による方法又は発生し得ると考えられる対価の額を確率で加重平均した金額（期待値）による方法のいずれかのうち、企業が権利を得ることとなる対価の額をより適切に予測できる方法を用い

る。」（51項）として、最頻値と期待値による方法のうちいずれかを用いることになる。また変動対価の額の見積りの際に、「変動対価の額に関する不確実性が事後的に解消される際に、解消される時点までに計上された収益の著しい減額が発生しない可能性が高い部分に限り、取引価格に含める。」（54項）として、慎重な判断を求めている。

長期請負工事におけるこの変動対価の例として、適用指針［設例10］で、契約日より早く完成すれば増額され、また遅れると減額される例と、完成後第三者検査で所定の評価が得られれば報奨金を得られる例を取り上げている。前者の場合期待値を用いることが考えられるとしているが、54項からも、確実に完成が見込まれる日をもとに計算されることになるであろう。

つぎに契約における重要な金融要素についてみると、「契約の当事者が明示的又は黙示的に合意した支払時期により、財又はサービスの顧客への移転に係る信用供与についての重要な便益が顧客又は企業に提供される場合には、顧客との契約は重要な金融要素を含むものとする。」（56項）、「顧客との契約に重要な金融要素が含まれる場合、取引価格の算定にあたっては、約束した対価の額に含まれる金利相当分の影響を調整する。収益は、約束した財又はサービスが顧客に移転した時点で（又は移転するにつれて）、当該財又はサービスに対して顧客が支払うと見込まれる現金販売価格を反映する金額で認識する。」（57項）と述べている。長期請負工事の場合、ある程度分割で前払されるとしても、支払期間が長期にわたるため、この金利要素も考慮しなければならないであろう。

また、IFRS 15の規定を根拠としないものとして、工事契約等から損失が見込まれる場合の取扱いが挙げられる。「工事契約について、工事原価総額等（工事原価総額のほか、販売直接経費がある場合にはその見積額を含めた額）が工事収益総額を超過する可

能性が高く、かつ、その金額を合理的に見積ることができる場合には、その超過すると見込まれる額(以下「工事損失」という。)のうち、当該工事契約に関して既に計上された損益の額を控除した残額を、工事損失が見込まれた期の損失として処理し、工事損失引当金を計上する。」(適用指針90項)と規定している。これは[設例30]にもみられるように、工事原価が契約価額を上回る場合に損失を現在認識し、将来に繰り延べない処理であり、減損処理と同様の考え方であり、工事契約会計基準の考え方を引き継いだものであるが(適用指針162項)、合理性はあると思われる。

工事進行基準の理論性

　工事進行基準は、従来発生主義の適用形態であり、実現主義の例外であると説明されてきた。例えば、黒澤は、「長期の未完成請負工事の仕掛勘定については、実現主義の例外を認め、工事完成前の各決算期に予想利益を見積って計上することが、会計慣行上許容されている。」(黒澤[1977]212ページ)と述べて、実現主義では説明できないとみている。これに対して、山枡・嶌村は、工事進行基準について、「理論上は、実現原則を基本原則とする現行会計制度のもとで、なにゆえに発生主義的な認識基準を認めうるか、が問題となる。」(山枡・嶌村[1977]37ページ)とし、「長期請負工事の場合には、契約に基づく工事であるために実現が保証されており、それゆえにまた工事未完成の段階でも進行程度に見合う収益の計上を認めうるわけである。」(山枡・嶌村[1977]38ページ)と述べている。実現の要件を「実現の保証(確定性)」と「対価の受領」とするならば、そもそも長期請負工事においては、請負工事であるので、契約により実現は保証されており、また工事を行うことにより対価(あるいは対価を受け取る権利)はあるみることができる。実際、対価が工事完成後にまとめて支払われることはまれであり、工事の進行に応じて支払われることが一般的である。このようにみるならば、工事の途中で収益を認識するという発生主義の適用形態とみるのは物事を表面的にみていると言わざるを得ず、実質優先主義の考え方に基づけば、工事進行基準も実現の要件を満たしていると言える。

　また、日本版概念フレームワーク(ASBJ[2006])では、純利益や収益の定義に、実現という言葉に代えてリスクからの解放という言葉を用いている。この言葉は、「投資のリスクとは、投資の成果の不確実性であるから、成果が事実となれば、それはリスクから解放されることになる。」(ASBJ[2006]第3章 par.23)と説明されている。注文生産である請負工事は、実際に工事が進行するにつれて成果が事実となると言え、リスクからの解放の要件も満たしていると思われる[2]。

Ⅳ　おわりに

　これまでみたように、「財又はサービスの顧客への移転」と「企業が権利を得ると見込む対価の額」で収益を認識するという点では、従来の収益認識と大きく変わらないとみることができる。しかし、山田[2017]において、「実現基準において、収益の認識にあたってアウトプットが重要である点は既述のとおりであるが、当該アウトプットは認識のタイミングを規定しているのであって、認識の対象は資産・負債の増減そのものではなく、その要因をさす抽象的概念としてのフローである。これに対して、新たな基準では、履行義務の充足というストックの変動が認識の対象となっている。」(4ページ)と指摘しているように、これまでの実現基準がフローを対象としていたのに対して、収益認識会計基準では、ストックの変動からみている。具体的な5つのステップにおいて、特に長期請負工事において問題

となるのは、5番目の履行義務を充足するにつれて収益を認識する考え方である。ここでは、企業が履行義務を履行するにつれて顧客が資産を支配するという点である。工事の途中で、自分が注文した資産を使用収益することはできないが、自分が注文した資産の価値は増加している点を重視して、収益認識会計基準は資産・負債アプローチにより構成されている[3]。

Ⅲでみたように、旧くから工事進行基準の収益認識を実現主義の考え方の枠内で説明しようという試みはあり、実質的に実現要件（リスクからの解放）を満たしているならば、他の収益認識の規準と同様に説明することも可能であると思われる。今回新たに設定された収益認識基準は、資産・負債アプローチによるこのような統一的説明の試みと評価できる。

しかし、このような収益認識会計基準を山田［2017］は、「産業ごとに収益認識基準が異なっているほうがよいとまでは言えないものの、逆に、すべての産業を1つの基準でカバーしようとするのも無理があるといえよう。個々の産業にはそれぞれの事情があり、それに応じた収益認識基準が形成されてきた。かかる慣習の力を無視し、包括的な基準を開発しようとする発想に、さらには、先験的な理論から演繹的に基準を作成しようとする現代の基準設定のあり方自体に問題の根源があるといわざるを得ないのである。」（5ページ）と述べて批判している。今後、この収益認識会計基準により、企業が具体的な収益認識を行って行く上で、どのような問題点があるのか検討する必要がある。

一般に規準設定後、デュープロセスの一環として適用後レビューが実施されるが、この収益認識の基準に関しては、特に多くの業種にわたって、厳格なレビューが行われる必要があると思われる。

【注】
1) 本稿では、収益認識会計基準からの引用・参照は、項番のみ示すこととする。
2) 辻山［2005］では、「この『リスクからの解放』という概念は、前項で示した（広義の）『実現』概念と基本的に同一の概念と考えてよい。」（118ページ）と述べて、アメリカの財務会計概念書第5号（FASB［1984］par.85a）における、実現と実現可能概念を加えた広義の実現概念とリスクからの解放は同じ概念とみることができることを指摘している。
3) このような、収益認識会計基準における支配の移転について（直接的にはIFRS 15について）、万代［2015］では、「顧客が仕掛品を支配しているというのであれば、工事中の建物の使用を指図し、当該資産からの便益を獲得する能力を有していなければならない。しかし、顧客が所有する土地とはいえ、建設中の建物についてこのような理解が可能であろうか。建物が完成し、引き渡しを受けた時点から、建物の使用を指図し、当該資産からの便益を獲得する能力を有すると考えるのが合理的であろう。」（3ページ）と述べて、顧客の便益の獲得の観点から批判している。

＜参考文献＞

黒澤清［1977］：『近代会計学』春秋社、1977年。

辻山栄子［2005］：「財務諸表の構成要素と認識・測定をめぐる諸問題」齋藤静樹編著『詳解　討議資料　財務会計の概念フレームワーク』第2部第6章、中央経済社、2005年。

万代勝信［2015］：「わが国への収益認識基準の導入へ向けて」『會計』第188巻第3号、森山書店、2017年9月。

山田康裕［2017］：「会計時評　新たな収益認識基準の問題点」『企業会計』第69巻第4号、中央経済社、2017年4月。

山枡忠恕・嶌村剛雄［1977］：『体系財務諸表論〔基準編〕（改訂版）』税務経理協会、1977年。

ASBJ［2006］：「討議資料　財務会計の概念フレームワーク（改訂版）」、2006年。

FASB［1984］：Statement of Financial Accounting Concepts No5. "Recognition and Measurement in Financial Statements of Business Enterprise." 1984.

倉田　幸路（くらた　こうじ）

立教大学名誉教授。
福島県立会津短期大学専任講師・助教授、立教大学経済学部助教授・教授を経て、2018年より現職。この間1996年〜1997年ドイツ・パッサウ大学客員教授。
「会計理論の変遷と利益概念」『會計』第165巻第1号により2004年度日本会計研究学会学会賞受賞。倉田幸路編『財務会計の現状と展望』白桃書房他論文多数。
税理士試験委員、公認会計士試験委員、税務大学校試験委員など歴任。
日本会計研究学会理事、学会賞審査委員、国際会計研究学会理事、日本簿記学会理事、日本税務会計研究学会監事など歴任。

特集 Ⅱ

収益認識実務の変化と会計基準の体系を支える基礎概念

東京大学大学院経済学研究科 教授

米山 正樹

本稿では、「収益認識に関する会計基準」の要求事項は「資産負債観にもとづく新たなフレームワーク」としか整合しないのか、それとも「発生・実現・対応などの諸原則にもとづく伝統的なフレームワーク」とも整合しうるものなのか、を主要な分析対象としている。新たな会計基準の公表が基礎概念の体系に及ぼす影響に係る準備作業の後、上記の基準を対象として行った分析の結果は、通念にかかわらず「新基準による要求事項の多くは伝統的なフレームワークとも整合する」というものであった。

Ⅰ 問題の所在

「収益認識に関する会計基準」（企業会計基準委員会［2018a］）の公表が収益認識の具体的な実務に及ぼす影響については、主として実務家による先行研究が既に多くみられる。他方で、当該会計基準の影響が会計基準の体系を支えている基礎概念にも及ぶのか（例えば「収益費用観から資産負債観への移行」を伴っているのか）、などについての先行研究は、基準の公表から日が浅いこともあり乏しい[1]。

国際会計基準審議会（IASB：International Accounting Standards Board）やIASBと共同で収益認識プロジェクトに着手した米国財務会計基準審議会（FASB：Financial Accounting Standards Board）が、当該プロジェクトを始めるにあたり、資産負債観に適う収益認識基準の開発を目指していたことはよく知られている（さしあたり松本［2010］を参照）。他方で、「資産負債観に適う基準」の開発は難航し、最終的に公表された国際財務報告基準第15号「顧客との契約から生じる収益」（新たに公表された日本基準の基礎をなすもの）（IASB［2014］）が要求する会計処理が、当初IASBが目指していた「現在出口価格アプローチ」と異なっていることもまた周知の通りである。この事実は、結果的に公表された新基準が、当初の思惑に反して「会計観の変化」を伴っていない可能性を示唆している。

新基準の公表が会計基準を根底で支えている基礎概念の体系に影響を及ぼしたかどうか、かりに及ぼしたとして具体的にどのような影響が及んでいるのか、といった諸点は、会計基準が今後どのように変化していくのかを予測するうえで重要である。ここでは紙面の厳しい制約の中で、この点に考察を進めていく。

Ⅱ 基礎概念との関係：分析視点

1. 新基準公表の影響に関する「通念」

先に記した「基準改訂の背景と経緯」に鑑みれば、IASBが目指してきた「資産・負債観に適う収益認識」は、発生・対応・実現などの諸原則にもとづく「伝統的な収益認識」とは何らかの形で異なると考えられる。実際、新たな収益認識会計基準において「実現」「対応」などの概念は用いられていない。

基準設定主体が多大な時間と資源とを費やして上

記のような改訂を目指す場合、「収益認識実務とそれを支える基礎概念との関係」は、基準の公表前後で**図表1**のように変化すると考えるのが自然であろう。厳しい字数制限を考慮し、この図表においては「発生・対応・実現などの諸原則が体現する伝統的な収益認識の基本原則」をR-E（view）と、「資産負債観に適うとされる収益認識の新たな基本原則」をA-L（view）と表記している（以下同じ）。またそれぞれの基本原則に適う収益認識の実務を×で示している（カッコ書されているものは、そこに該当する実務の存否が定かでないことを意味している）。

図表1は、「伝統的に受け入れられてきた基本原則」と「資産負債観に適う基本原則」とがほとんど交わりを持たない、という事実認識を反映している。この場合、依拠する基本原則の変更を伴う収益認識会計基準の公表は、（×印で示される）収益認識実務の大幅な変更を伴うこととなる。新基準の公表前後で変わらない実務があるとすれば、それは依拠する基本原則の違いにかかわらず共通の（あるいは等質的な）会計処理が求められる状況に限られることとなる。

2. 検討すべき「代替的なシナリオ」

他方、新たな会計基準がこれまでとは異なる基本原則にもとづく収益認識を求めているのは事実としても、そこでいう「新たな基本原則」が「伝統的に受け入れられてきた基本原則」とどれほど違った収益認識を要求するのかは定かでない。**図表1**は両者が「ほとんど交わりを持たない」という前提に根ざしているが、そう言えるかどうかは事実にてらして確かめるべきことといえる。**図表2**に示されているように、異なる基本原則から導かれてくる収益認識の実務が多くのケースで共通している場合も想定しうる。この場合、新基準導入の影響は、「伝統的な基本原則としか整合しない」少数の実務の排除と、「新たな基本原則としか整合しない」（同様に少数の）新規実務の導入にしか及ばないこととなる。

第1節に記したとおり、資産負債観にもとづく収

図表1　基準公表の影響に関する「通念」

公表前　　　　　　　　　　　　公表後

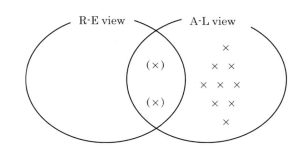

図表2　代替的なシナリオ（1）

公表前　　　　　　　　　　　　公表後

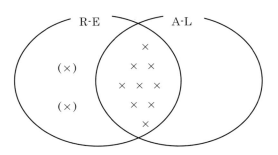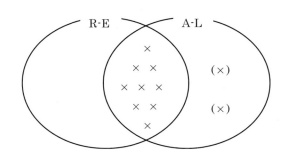

益認識の新たな基本原則としか整合しないと考えられてきたかつて提唱された「現在出口価格アプローチ」が最終的に棄却されている。こうしたことからも、図表2にみられる「代替的なシナリオ」が新基準公表の影響をより良く説明できているかどうかを確かめてみることには意味がありそうである。そこで次節は「新基準の公表で重要な影響」と考えられているいくつかの具体的な項目を取り上げ、収益認識実務の変化を図表1に示される「通念」と図表2に示される「代替的なシナリオ」のいずれがより良く説明できるのかを検討する。

3. 本稿で検討対象としない「さらなる代替的シナリオ」の存在

「伝統的な収益認識を支えてきた基本原則」と「資産負債観に適う新たな基本原則」とがどれだけ大きな交わりを有するのか、を主題としていることから、本稿では直前に記した2つの代替的なシナリオに大きな関心を寄せている。ただしそれは、想定可能なシナリオがそれら2つに限られることを意味しない。

例えば本稿では検討対象としていないが、新基準が要求する収益認識の中に「伝統的な基本原則でしか説明できないもの」が残されている可能性や、「新基準公表以前に広く受け入れられていた収益認識実務の中に、資産負債観に適う基本原則でしか説明できないもの」が既に含まれていた可能性もありうる。議論を先に進めるのに先立ち、収益認識に係る新基準と会計基準の体系を支える基礎概念との関係を問う本稿の試みが限定的なものにとどまっている旨、その意味において本稿における分析が限界を抱えていることをこの段階で指摘しておきたい。

4. 基礎概念自体の変化をも考慮する必要性

さらにいうと、「基本原則そのものは個別基準の公表に影響されない」という、これまで暗黙の前提としてきたことを取り払うと、「想定可能なシナリオ」はいっそう増加する。そのことを示しているのが図表3である。

図表3は、従来交わりをほとんど持たないと考えられてきた「実現、発生、対応などの諸概念に根ざした収益認識の伝統的な基本原則」と「資産負債観にもとづく収益認識の基本原則」のうちの少なくとも一方が、新基準の公表を受けて変質した状況を示している。そこでは、収益認識に係るほとんどの会計実務が、新基準の公表まではいずれの基本原則とも整合しうるもの、と考えられていたのに対し、新基準の開発プロセスにおいて、例えば「資産負債観に適う収益認識とは何か」に関するコンセンサスが変化したケースが想定されている。こうした変化の結果、図表3においては、「いずれの基本原則とも整合する収益認識の実務」がほぼ皆無となり、新基

図表3　代替的なシナリオ（2）
R-E view と A-L view との関係自体の変化も伴っている場合

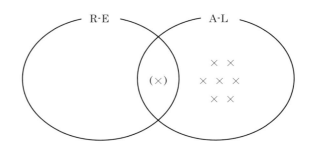

準の要求事項は「資産負債観に適う基本原則」とのみ整合的なものとなっている。

個別会計基準が新設・改廃されるたびに、会計基準の体系を支える基礎概念は変化していく。ただし通常その変化は緩やかであることから、新設・改廃された個別基準と体系を支える基礎概念との関係を分析する際には、基礎概念の変化は無視しうるほど僅少なものとみなされる。本稿でも図表1と図表2では、基礎概念自体は変化しないものとみなしている。

ただ収益認識に関する新基準は適用対象が広く、また改訂内容も会計基準の体系を支える基本的な前提や基本原則と密接に関わっている。これらの諸点に鑑みると、ほんらいなら基礎概念それ自体にも無視できない変化が生じた可能性を視野に収めなければならない。

Ⅲ 新基準の公表が基礎概念に及ぼした影響

本節では、実務家向けの商業誌などにおいて「新基準の公表による主要な変更点」と位置づけられている諸項目について、(a)それらは「資産・負債観に適う新たな収益認識」としか整合しないのか、それとも(b)「発生・実現・対応などの諸原則にもとづく伝統的な収益認識」とも整合しうるのかを検討する。前節で取り上げた図表1と図表2のいずれが、基準改訂の影響をより良く説明しているのかを検討しようというのである。ほんらいなら(a)と(b)の双方を確かめなければならないが、紙面の制約から(a)を与件とし、ここではもっぱら(b)に着目する。

1. ポイントの付与や製品保証契約の締結

よく知られているように、新基準では、財またはサービスに対する保証契約が(顧客に対する)独立した履行義務を生む場合には、取引価格を当該履行義務に配分し、契約負債を計上するように求めている。当該負債は、保証契約を履行した時点で収益に振り替えられることとなる(企業会計基準委員会[2018b], paras.33-37)。

新基準はまた、自社ポイントの付与を「追加の財またはサービスを取得するオプションの付与」と位置づけている。そのうえで、当該オプションの付与が顧客に対する独立した履行義務を生む場合には、先に記したケースと同様に契約負債を計上するとともに、顧客がオプションを行使した時点でその負債を収益に振り替えるように求めている(企業会計基準委員会[2018b], paras.48-51)。いずれのケースにおいても、伝統的な実務であった引当処理に代えて売上処理が強制されているところが特徴的である。

こうした処理は、(a)契約を識別し、(b)識別された契約から履行義務を識別したうえで、(c)取引価格を算定し、(d)算定した取引価格を履行義務に配分し、最後に(e)履行義務の充足に応じて適宜収益を認識する(契約負債を収益に振り替える)「5つのステップ」に適うものと説明されている。上記の「売上処理」は「資産負債観に適う新たな収益認識」としか結びつかない、というのが通説といってよい。

ただし上記の処理を「5つのステップ」によってしか説明できないかどうかとなると、話しは違ってくる。従来の引当処理は「発生・実現・対応などの諸原則にもとづく収益認識」から一義的に導かれてくるものではない。むしろ「保証契約の締結やポイントの付与は『本体の』製品販売に付随する行為であって、独立した活動の成果ではない」という事実認識(従来のコンセンサス)が引当処理を正当化していたと考えられる。

新たな基準はこれとは逆の事実認識(すなわち「独立した活動の成果である」)に根ざしているが、こうした事実認識は「収益認識を伝統的に支えていた諸原則」と積極的に矛盾するものではない。こうした事実認識を与件として発生・実現・対応などの諸原則を適用すれば、顧客に対する義務が事実上不可

逆的な形で果たされた時に投資の成果が確定することから、新基準と同様の収益認識が求められることとなる。このとおり、ポイントの付与・行使や財・サービスに対する保証に係る「売上処理」は、収益認識に係る伝統的な基本原則とも整合的なものと位置づけられる。

2. 割賦販売の禁止

これまで容認されてきた割賦基準が禁止されることもまた、新基準が及ぼす重要な影響としてしばしば指摘される[2]。顧客に対する履行義務は商品・製品の引き渡しによって履行済みとなる以上、収益の認識をそれ以上遅らせる理屈は見出せない、というのが「資産負債観に適う収益認識」なのであろう。割賦販売において企業は顧客に対し、商品・製品を引き渡す義務と、販売代金相当額を融資する義務を負う。両者は独立したものであるから、後者の履行義務に係る収益は前者に係るものから切り離し、時の経過とともに認識される、というのが新基準の考え方と推察される。

他方の割賦基準はこれまで、実現・対応・発生をはじめとする諸原則に関連づけて説明されてきた。しかし割賦基準を「収益認識に係る伝統的な基本原則」から一義的に導かれてくるものとみることはできない。新基準との違いを強調するなら、割賦基準は「製品の販売と代金回収とは密接不可分に結びついている」という事実認識のもとで、実現などの基本原則を適用した結果とみることができる。

そうであれば、「販売プロセスと代金回収プロセスとは独立している」という事実認識のもとでは、「収益認識に係る伝統的な基本原則」を同じように適用しても、割賦基準が望ましい、という結論が導かれてくる保証はない。両者は独立しているとみるなら、実現・対応・発生などにもとづく伝統的な収益認識においても、割賦基準を禁止するとともに、代金回収プロセスから期待される成果を利息収益として独立把握する方法が意味を持つこととなる[3]。割賦販売の禁止もまた、収益認識に係る伝統的な基本原則と積極的には矛盾しないものと位置づけられる。

3. その他の項目に関するアドホックな考察

紙面の制約から、残りの項目についてはまとめて考察する。新基準公表の影響で影響が大きいと考えられるものとしては、このほか、(a)代理人として「第三者のために資金を回収するビジネスモデル」においては、手数料などに相当する「純額の成果」だけしか売上高への計上が認められないこと、(b)個々の企業が置かれている状況に応じて出荷・着荷・検収など、さまざまなタイミングでの収益認識が認められてきたが、今後は原則として「検収基準」への統一が図られたこと、(c)一定の条件を満たした工事契約について原価回収基準の適用が求められるようになったこと、などが知られている。

これらはいずれも「資産負債観にもとづく収益認識」としか結びつかないものとはいえない。(a)と(b)は、直接には「（個々の企業を取り巻く環境条件がそれほど大きく異ならないのに、主として歴史的に辿ってきた経路だけの違いに起因して）不必要にバラついている実務を統一すべし」という要請を反映したものと考えられる。

また(c)は、「顧客に対する義務が果たされた時に契約負債を収益に振り替えるべし」という基本原則を損なわない範囲で、慎重に収益を認識すべき状況に備えたものだが、それは慎重な収益認識の手段として「伝統的な収益認識のフレームワーク」においても（例えばIAS/IFRSにおいて）用いられてきたものである。

以上の考察は、検討対象を拡張してもなお、「新基準の下で求められる収益認識のほとんどは伝統的な基本原則と積極的には矛盾しない」ことを示唆している。本節の冒頭に示した問題意識に立ち返るな

ら、こうした結論は、図表1よりも図表2のほうが観察される事実をより良く説明している、ということになろう。

IV 要約と残された検討課題

本稿では、「収益認識に関する会計基準」の要求事項は「資産負債観にもとづく新たなフレームワーク」としか整合しないのか、それとも「発生・実現・対応などの諸原則にもとづく伝統的なフレームワーク」とも整合しうるものなのか、を論じてきた。新たな会計基準の公表が基礎概念の体系に及ぼす影響について、どのようなパターンを想定しうるのかに関する準備作業の後、上記の基準を対象として行った分析の結果は、「新基準による要求事項の多くは伝統的なフレームワークとも整合する」ことを示唆していた。

日本基準のもととなるIFRS第15号を開発してきたIASBが、IFRS第15号を「ストックの評価とフローの測定の双方について、資産負債観を統一的に適用した結果」と位置づけていることもあり、日本の新基準についても「資産負債観にもとづく新たなフレームワーク」としか整合しない、というのが通念といってよい。最終成案を虚心坦懐に検討した本稿は、そうした通念がどれだけ的を射ているのか、再検討する必要性を示唆している。

最後に、本稿の分析が依拠している前提と、その前提に依拠していることに伴う限界を論じる。「伝統的な収益認識」「資産負債観に適う新たな収益認識」のそれぞれと整合的な会計処理は、ほんらい、(a)「それぞれのフレームワークから自然に導かれてくるもの」と(b)「自然に導かれてくるわけではないが、積極的に矛盾するわけではないもの」とに大別される。本稿では図表1から図表3までの作成にあたり、(a)と(b)を等質的なものと取り扱っているが、両者を区分という形で分析上の枠組みを修正した場合、分析結果がどのように変わってくるのかは定かでない。本稿を評価する際にはこの点への留意が求められる。

（謝辞）

本稿の執筆に先立ち、2018年7月14日に開催された会計ワークショップ（於東京大学）において、八重倉 孝先生（早稲田大学）、山田 康裕先生（立教大学）、勝尾 裕子先生（学習院大学）などから有益なコメントを得た。ここに記して感謝したい。なお言うまでもなく、推論の誤りに関する責任は筆者自身が負っている。

【注】
1) 学界関係者による先行研究として、鈴木［2018］、桜井［2018］、松本［2015］、松本［2018］などを参照。
2) 割賦基準の適用禁止に関する規定は、企業会計基準委員会［2018a］, para.104や企業会計基準委員会［2018b］, para.182にみられる。
3) 満額の資金回収が見込めない状況では、引当金の設定を通じた債権の減額修正が同時に求められる。

<引用文献>

International Accounting Standards Board (IASB) [2014], International Financial Reporting Standards (IFRS) No.15: *Revenue from Contracts with Customers*, May 2014

企業会計基準委員会［2018a］、企業会計基準第29号「収益認識に関する会計基準」、2018年3月30日

企業会計基準委員会［2018b］、企業会計基準適用指針第30号「収益認識に関する会計基準の適用指針」、2018年3月30日

桜井久勝［2018］「収益認識会計基準案にみる売上高の純額測定」『企業会計』70(1)：2018.1 pp.11-17

鈴木一水［2018］「収益認識会計基準（案）の税務会計の立場からの評価」『會計』193(4)：2018.4 pp.392-403

松本敏史［2010］「資産負債アプローチによる収益認識基準」『経済論叢（京都大学）』184(3)：2010.7

松本敏史［2015］「収益認識プロジェクト－理論と慣習の相克」辻山栄子編著『IFRSの会計思考－過去・現在そして未来への展望』（第8章）2015.11 中央経済社

松本敏史［2018］「製品保証取引と収益認識」辻山栄子編著『財務会計の理論と制度』（第16章）2018.2 中央経済社

米山 正樹（よねやま まさき）

東京大学大学院経済学研究科教授。博士（経済学・東京大学）。
学習院大学経済学部教授、早稲田大学大学院会計研究科教授を経て、2012年4月より現職。
単著『減損会計 ―配分と評価―』（森山書店）および『会計基準の整合性分析』（中央経済社）。

特集 II

収益認識会計基準と税法における年度帰属原則との接点と乖離

青山学院大学大学院会計プロフェッション研究科 教授
小林 裕明

本稿では、「収益認識に関する会計基準」に示される会計処理と、税務における旧来からの収益の年度帰属に関する考え方とを比較し、共通点と課税上の原則に対する抵触関係を明らかにする。あわせて、2018年度税制改正における会計基準に対応する改正部分を概観し、法改正の基本方針を評価しながら、課税実務の方向性と課題について言及する。

I はじめに

 2018年3月30日、「収益認識に関する会計基準」（企業会計基準第29号。以下、「収益認識会計基準」という）が公表された。同基準は、収益認識に関する包括的な会計基準の開発をめぐる国際的な動向[1]に同調するものである。同基準は、顧客との契約から生じる収益の認識及び測定に関し、経済取引の幅広い範囲に適用されるものであることから、実務に対する影響は広範である。そして、我が国の法人税法が確定決算主義を採用し、課税所得が商事財務諸表の利益を基礎に算定されることに鑑みれば、収益認識会計基準による認識・測定の処理が、課税所得計算の基礎にも広範な影響を与えることは想像に難くない。これに対応するため、平成30年度税制改正において、法人税法「第22条の2」が新設され基本通達の改正案も明らかにされたところである。

 本稿では、税法におけるこれまでの裁判例を踏まえた年度帰属に関する基本的な考え方を整理し、収益認識会計基準の処理に照らした検討を試みる。あわせて、法人税制の整備状況を概観し、旧来の年度帰属の基本原則からの変更や変更による影響を考察したい。

II 税法の年度帰属の基準

1. 税法の原則的基準
（1）権利確定主義の意義及び根拠

 税法の収益の年度帰属に関する決定は、「権利確定主義」を原則的基準とする。私法上の法律関係に基づいて解釈適用を行う思考の下で、税法は取引において相手方への請求権が確定する時点をとらえて収益を計上する。各種所得の収入金額の総括的な規定である所得税法36条1項は、「収入金額とすべき金額」という文言を用いている。これは、旧所得税法10条1項の「収入すべき金額」の解釈を引き継ぎ、「収入する権利の確定した金額をいう。」（旧所得税基本通達194）と解されている。

 裁判例においても、最決昭和40年9月8日[2]において、「‥収入すべき金額とは、収入すべき権利の確定した金額をいい、その確定の時期は、いわゆる事業所得にかかる売買代金債権については、法律上これを行使することができるようになったときと解するのが相当である。」と判示し、債権の行使可能の時期を基準とすべきことを示している。

 以後、最判昭和49年3月8日[3]においても、所得税法が「収入の原因たる権利が確定的に発生した

場合には、その時点で所得の実現があったものとして、右権利発生の時期の属する年度の課税所得を計算するという建前（いわゆる権利確定主義）を採用している」との解釈を示している。法人税法に関しても、最判平成5年11月25日[4]は、「‥収益は、その実現があった時、すなわち、その収入すべき権利が確定したときの属する年度の益金に計上すべき」としており、権利確定時に収益認識する考え方を示している。

(2) 「実現主義」との差異

実現主義は、発生主義会計の下で、財貨用役の提供と対価の受領を機に収益を認識する基準として一般的に用いられる。この要件は、権利確定主義における「無条件請求権説」と符合する。無条件請求権説は、対価請求権が無条件化する時に権利が確定するという考え方[5]である。一般の商品販売を例にあげると、引渡しとともに所有権が移転し、買い手側は同時履行の抗弁権を喪失する。同時に、売り手側は無条件の代金請求権を得ることとなる。すなわち、販売（引渡し）時に権利が確定したとみることができることから、実現主義の典型である引渡基準は権利確定主義を満たすこととなる[6]。

実現主義と権利確定主義は、上記の説明において接合し同一視できる。実現主義は、企業会計における収益認識原則として長年妥当性を認められてきた。課税実務の上で、多くの場合、実現利益に特段の修正を施すことなく課税所得を算定していることからも、両者は明示的な差異を意識することなく用いられている。

2. 権利確定主義の限界と管理支配基準

一方で、権利確定主義は、統一的な収益の年度帰属の決定基準とはなり得ていないと指摘される。包括的所得概念の下では、違法な収入であっても担税力が認められ所得を構成する。かかる違法収入は、権利の確定を観念できないため、これを認識するのに権利確定主義を採用できない。

利息制限法の制限超過利息に対する課税処分が争われた最判昭和46年11月9日[7]は、「課税の対象となるべき所得を構成するか否かは、必ずしも、その法律的性質いかんによって決せられるものではない。」として、利息制限法に抵触する利息収入について、現実に収受された制限超過部分に担税力を認めて貸主の所得とする課税処分を肯定した[8]。

また、前記の昭和49年最判も、所得税は経済的利得を対象として課税するところ、権利確定主義は、課税の公平を図るため、後の現実の支払いを前提として、「徴税政策上の技術的見地」から定められた所得の年度帰属の決定基準であると評価している。この判旨からは、課税適状となる時機として現実の支払いを収受する時点が最も重視され、ただ、それ以前に権利が確定する場合には、その時点も政策的・技術的に課税を容認したものと解される。いわば権利確定基準が、現実の支払いに劣後しているかのような感がある。

現在の所得税基本通達は、この事理を反映し改正がなされている。すなわち、「法第36条第1項に規定する『収入金額とすべき金額』又は『総収入金額に算入すべき金額』は、その収入の基因となった行為が適法であるかどうかを問わない。」（所基通36-1）とし、権利確定の行（くだ）りを排している。その改正理由として、「課税所得の考え方が進展するにつれて、課税所得は、専ら経済的、実質的には握すべきもの」であり、原因となる行為の有効性や法律上の所有権の移転の有無に関係なく、「現実にその利得を支配管理し、自己のためにそれを享受している限りは、課税所得を構成するという考え方がとられるようにな」ったと説明される[9]。ここに示される考え方が「管理支配基準」である。すなわち、収入が自己の管理支配下に帰属し、自由に処分可能となった時点で収益を計上する基準である。

管理支配基準を示した判決として、最判昭和53

年2月24日[10]がある。同判決の事件は、増額賃料請求に係る収入の年度帰属が争われた。判決は、権利確定主義を原則として、係争中の増額賃料債権の存在を認める裁判が確定した時を、権利確定の時期としつつ、仮執行宣言に基づく給付として金員を取得した場合についても、「債権者は、未確定とはいえ請求権があると判断され執行力を付与された判決に基づき有効に金員を取得し、これを自己の所有として自由に処分することができるのであって、右金員の取得によりすでに所得が実現されたものとみるのが相当である」と判断した。この判決は、法的に未確定な状態でも、処分可能な状態で対価収入を自己の管理下に有効に置いた場合に、所得の実現を認めたものである。

3．権利確定主義の意義

このように税法の収益計上基準は、権利確定主義を原則としつつも、各種多様な法律行為の中で権利が確定する時期を特定することが困難なことや、違法収入の認識に適用できないことがあり、その限界を指摘する見解が多い。また、過去の最判において、権利確定主義は「徴税政策上の技術的見地」から定められた年度帰属の基準であり、最も担税力を把握できる現実収入の収受時点を補完する基準とも読める。このことからも、サブスタンダードである管理支配基準の適用事例も多く認められてきた。

しかし、「管理支配基準の適用は、租税法律関係を不安定にするおそれがあるから、その適用範囲をみだりに拡大しないよう注意する必要がある」[11]と説かれる。対価の収受に重きが置かれる管理支配基準は、ともすれば現金主義に陥る弊を指摘できる。権利確定主義は、経済取引を法的側面から分析するリーガルテストとしての機能を提供するものとして、意義を失っているわけではないと主張する説[12]が、今日なお有力である。

収益認識会計基準との比較論点

1．収益認識会計基準と税法の年度帰属基準との関係

今般の収益認識会計基準の基本原則は、契約による財貨用役取引における収益及びキャッシュ・フローを、「企業が利益を得ると見込む対価の額で描写」すること（16, 115項）である。そのために、①契約の識別、②履行義務の識別、③取引価格の算定、④取引価格の履行義務への配分、⑤履行義務の充足時点又は充足の進捗につれて収益認識する、という5つのステップが適用される（17項）。①・②により識別された履行義務に対して、⑤のステップで、一時点又は一定期間に履行義務を充足することを要件とした収益認識を行う。

この認識のプロセスは、権利確定主義から逸脱したものではないと考えられる。資産に対する支配の移転、便益の享受、資産の増価等を基準として収益を計上する場合に、それに見合う請求権の全部又は一部を実質的・経済的に認定する収益認識会計基準の処理は、物権の移転と同時に債権の発生・確定を認識する権利確定主義の考え方と概ね整合しているといえる。

もっとも、会計上の収益認識単位である履行義務を導くために、契約の結合あるいは分割が行われるが、これは必ずしも私法上の権利義務関係を前提としていない。このような擬制を用いることで、収益計上における従前のリーガルテストの機能は修正を余儀なくされると思われる。例えば、契約を細分化した履行義務の一つを満たすことによって、相手方の同時履行の抗弁権を封じるとまでは捉えられないので、無条件請求権説による説明も修正が必要となろう。しかし、一定の履行義務の充足を時点的、期間的に捉え収益認識する考え方は、権利確定主義から基本的に乖離していないと考える。

2. 収益認識会計基準との相違点

(1) 収益認識の単位

　従前の課税実務は、収益の計上は契約単位を前提として行うことを原則としていたが、収益認識会計基準の導入により、必ずしも契約単位に拘束されない収益認識が行われることとなる。基準は、契約や履行義務を識別し、その態様に応じて収益認識における契約の結合又は分割の擬制を指示する（基準27, 34項）。

　この契約の結合又は分割においては、契約条件を詳細に検討し、複数の契約を単一の契約とみる要件（基準27項(1)～(3)）や、単一の契約を別個の財又はサービスとみる要件（基準34項(1), (2)）の充足の有無を判断することが求められる。これは、比較可能性の視点から契約を実質的・経済的な形に擬制するものであり、契約の法的単位を基準とするリーガルテストとは異なるものと捉えられる。

(2) 外部価格や見積り等の使用

　収益認識会計基準では、識別した履行義務に、別個の財又はサービスの独立販売価格の比率に基づき、取引価格を配分する手続が導入される。課税所得計算において、このような取引外で成立する価格を持ち込むことは、検証可能性の点で問題となる可能性がある。この点は、納税者側に計算過程に関する資料を備え置く負担を求める措置が執行上求められるであろう。

　また、収益認識会計基準に基づく処理は、変動対価の算定や将来のポイントの使用見込み等の場面で、将来の予測や見積りが多用されることとなる。これらの主観的な予測や見積りは、税法の法的確定主義の考え方と乖離しており、現行税法の所得計算過程で、かかる予測や見積りを用いる処理は殆ど見られない。これらの主観的な要素は、課税公平原則の下で一義的・客観的な所得の画定を旨とする課税所得計算とは、直ちには相容れないと考えられる。

(3) 管理支配基準、債務確定主義との関係

　管理支配基準は、対価収入が処分可能な状態で管理支配下に置かれたときに収益を計上する基準である。これは、収益認識会計基準の履行義務の充足により収益認識する会計基準の処理とは、計上時期が異なる可能性がある。課税実務上、将来の逸失利益又は経費の発生等の補填に充てる補償金等は、支払いを受けた日の属する事業年度に収益計上する（法基通 2-1-40）が、それは受領した時点で確定収入となることを理由とし[13]、将来の費用・損失との対応関係は考慮されない[14]。税務上は、収益計上においてこのような確定収入の受領の事実が重視される。

　また、収益認識会計基準の処理は、債務確定主義との関係が問題になると思われる。債務確定主義は、支払債務が確定した時点を捉えて費用認識する損金の年度帰属の基準である。「債務の確定」は一般に、イ 債務の成立、ロ 具体的な給付原因事実の発生、ウ 金額の合理的算定の3つの要件の充足が求められ、将来の見越費用の計上はできないこととされる（法基通 2-2-12）。

　収益認識会計基準の処理の中で、将来の発生費用・損失に対して履行義務を識別し、それに取引価格を配分する場合、取引対価の一部の収益認識を遅延することがある。例えば、返品権付の販売を行う場合、将来の返品数量の見積りによる返品負債を建て、同額の売上高を減額する（適用指針 [設例11]、なお、返品見積りに係る原価も減額する）。これは、実質的には将来発生費用に対する引当経理と損益に対する効果は類似することとなり、債務確定主義に抵触するのではないかと考えられる[15]。

III 平成30年度税制改正による対応

1. 法令の整備

　2018年3月28日に法案が可決し、法人税法に収

益認識に関する条文「第22条の2」が新設された。その内容は、収益認識会計基準の取扱いを踏まえ、税務上の収益の計上時期及び計上額を明確にしたものである。収益計上時期については、目的物の引渡し日又は役務提供完了日を原則とし（1項）、公正処理基準に従って引渡し等の日に近接する日とすることも認められる[16]（2, 3項）。収益計上額は、販売等では引渡し時における価額、役務提供では通常得べき対価の額とされ（4項）、これらの価額は貸倒れや返品の可能性がないものとして計算される（5項）。

これらの改正内容は、「改正前の公正処理基準（これを補完する通達・判例）における取扱いを明確化したもの。」[17]と説明される。引渡基準及び役務提供完了基準は、権利確定主義を具体化した適用基準であり、通達や判例により課税実務において定着している。これに加えて、公正処理基準による処理を前提として、上記に「近接する日」における計上時点を許容する規定を置いている。これは、一部の対価を履行義務に配分して認識を遅らせる処理や見積りによる主観的な評価を含めて、収益認識会計基準の処理を税務においても弾力的に取り入れることとしたものと評価できる。収益計上額についても、法文上時価課税の原則を明確化しつつ、値引きや割戻しの見積計上額を反映することを認めている[18]。

ただし、計上額に貸倒れや返品の影響を織り込むことを明文の上で排している。これは将来の貸倒損失や売上戻りの見越計上を排し、債務確定主義の原則を維持したものと推察する[19]。

2. 税制改正の方針及び課税実務の方向性・課題

今般の税制改正は、収益認識会計基準の内容を税務においても包括的に取り入れたものと評価できる。これに従い改正通達案も、基準に基づく会計処理について経理要件を付して概ね所得計算に反映することを認めている（一部は申告調整によることも可）。これらは、確定決算主義の下で税務と会計の処理とを極力一致させることによって、申告調整の負担を軽減する配慮であると思われる。

かつて、平成8年の税制調査会「法人課税小委員会報告」において、会計と税務との差異が容認されて以来、国際的な会計基準とのコンバージェンスによる累次の会計基準の新設・改正に合わせ、法人税制はその内容ごとに改正の要否の判断を行ってきた。その経緯と照らし合わせると、今般の改正は、多分な見積要素を用いる処理を容認するなど、課税所得計算を従来の水準からやや踏み込んで収益認識会計基準に基づく処理に合わせていった感がある。その背景には、収益認識会計基準が会計実務に対して及ぼす広範な影響力があると思われる。

営業循環の中で類型的に反復して発生する収益の認識時点は、同一の方針に基づく認識時点を継続的に順守することで、期間損益の適正性だけでなく課税の公平を充足する年度帰属の公正性、即ち適正な所得計算及び利益操作の排除（前記平成5年最判参照）の要請も担保できると考えられる。今般の改正のうち「近接する日」という一定の幅をもった基準が示されたことからも、経済取引における多様な収益認識時点を税務上も柔軟に許容していく方針が窺われる。

このように、日常的に反復継続する営業取引全体に及ぶ収益認識会計基準の適用の広範性に鑑み、税法も課税上の弊害が生じない程度に会計処理を極力そのままの形で課税所得計算に取り入れようとするスタンスが理解できる。その方針に基づいて、すでに通達の新設・改正案が公表され、収益認識会計基準の処理の多くが容認されている。その詳細について本稿で言及する余地はないが、税務の上で、多数の取引関係の一つ一つを修正経理する必要がない点は高く評価できる。収益認識会計基準の処理は、本稿で指摘するいくつかの点で、従前の課税原則との抵触関係がみられるが、立法及び解釈指針の明確化

が行われたことで、相当程度の解決が図られたとみることができる。

なお、実務的には消費税との関係など、まだ整理が明確といえない部分があるため、引き続き基準適用後の課税関係の問題を注視していく必要があると思われる。

【注】
1) 2014年5月、IASB及びFASBが共同で開発した「顧客との契約から生じる収益」(IFRS 15号、FASB Topic 606)が公表されている。
2) 刑集19巻6号630頁、税資49号224頁。
3) 民集28巻2号186頁、訟月20巻9号1頁。
4) 民集47巻9号5278頁、訟月40巻10号2566頁。
5) 金子［1995］301頁。
6) 金子［1995］301頁。
7) 民集25巻8号1120頁、訟月18巻1号67頁。
8) ただし、制限超過利息が未収の場合には、基礎となる約定自体が無効で利息等の債権がそもそも生じないので、法の定める「収入すべき金額」に該当しないと判断した。
9) 三又［2017］294頁。
10) 民集32巻1号43頁、訟月24巻4号858頁。
11) 金子［2017］296頁。
12) 金子［1995］296-297頁。
13) 小原［2016］171頁。
14) なお、同項に付して、「法基通2-1-40の2返金不要の支払の帰属の時期」が新設される予定である。
15) なお、30年度改正において、貸倒れや返品に係る収益の減額は不可とされた（後述）。
16) 確定決算における収益経理が条件だが、一部申告調整によることも認められる。
17) 国税庁［2018］14頁。
18) 国税庁［2018］9頁。
19) 小林［2018］24-25頁。

<参考文献>
小原一博編著『法人税基本通達逐条解説[8訂版]』税務研究会出版局、2016年。
金子宏「所得の年度帰属―権利確定主義は破綻したか―」『所得概念の研究』有斐閣、1995年（初出1993年）282-305頁。
金子宏『租税法22版』弘文堂、2017年。
国税庁「『収益認識に関する会計基準』への対応について―法人税関係―」2018年5月。
小林裕明「収益認識会計基準案の税務上の視点からの検討」税務QA2018年4月号16-26頁。
三又修ほか『平成29年版所得税基本通達逐条解説』大蔵財務協会、2017年。

小林 裕明（こばやし ひろあき）
青山学院大学大学院会計プロフェッション研究科教授。
東京大学経済学部卒業、国税庁入庁。以後、岩国税務署長、国税庁審理室課長補佐、岡山大学大学院社会文化科学研究科教授、仙台国税局課税第二部長等の勤務を経て、2013年4月から現職。

特集 Ⅱ

収益認識会計基準と監査

EY新日本有限責任監査法人　シニアパートナー　公認会計士

會田　将之

　収益認識に関する包括的な会計基準の導入が決まった。本稿では基準が求めている会計処理について、一般消費財産業を例にとり概括的に説明し、企業側に求められる対応と、監査上の要点及び監査手続の流れについて述べている。

　基準に対する企業側の理解と対応が財務諸表作成の礎であり、そのベース無しに高品質の監査を遂行することはできず、監査人の指導性発揮も同時に求められる。

　また、企業にとって重要な経営指標の一つである売上高が基準導入により変動する蓋然性があることを企業トップに理解・納得してもらうための対話の必要性についても述べている。

Ⅰ　はじめに

　国際的な会計基準の開発及び公表の状況を踏まえ、企業会計基準委員会は「収益認識に関する会計基準」の開発に着手し検討を重ねた結果、このたびわが国にも収益認識に関する包括的な会計基準が導入されることとなった。本稿では、企業が今後適用する収益認識会計基準に対し、監査上の要点及び監査手続の流れについて、一般消費財産業を例にとり論じたい。

　なお、収益認識会計基準は公表されたばかりであり、今後の会計実務及び監査実務の進展を待つべきところである。したがって本稿は、今後行われる新しい収益認識に対する監査実務に関し、十分な研究・検討を踏まえたものではなく、あくまで筆者の私見である点、あらかじめお断りしておきたい。

Ⅱ　収益認識会計基準の適用範囲と基本となる原則

1．基準の適用範囲と基本となる原則

　これまでわが国においては、企業会計原則に定める実現主義の原則に従い、長年の慣習と実績、また特定業種や領域に関する会計基準なども参酌し、収益認識に関する会計処理を行ってきた。これに対し、収益認識会計基準は一部の例外を除き、顧客との契約から生じる収益に関する会計処理及び開示の全般にわたり適用され、収益の認識にあたり、5つのステップを適用するとされており、企業の会計実務を大きく変えるものである。

　基本となる原則は、約束した財又はサービスの顧客への移転を当該財又はサービスと交換に企業が権利を得ると見込む対価の額で描写するように収益を認識する[1]とされており、従来のように顧客との契約金額を実現主義に基づき、そのまま収益計上するという単純なものではない。この点、企業経営者や経理実務家は、企業にとって重要な経営指標の一つ

である売上高が、基準の適用によりどのような影響を受け、情報システムの再構築を含めた内部管理体制の整備・運用の下、正しい会計処理と開示を行うことにより、ステークホルダーに対する重大な説明責任があることを早期に認識すべきである。

この点、企業を監査する我々公認会計士・監査法人は、監査及び会計に関する専門家として基準の啓蒙を図っていくとともに、企業側の課題に関する取組みを的確に捉え、指導していく重要な責務を負っている。

2．5つのステップ

基準では、基本となる原則に従って収益を認識するために、**図表1**に示すように5つのステップを適用することを定めている[2]。以下は紙幅の関係上、一般消費財産業で留意すべき点に焦点を絞り述べる。

① 契約の識別

第1ステップである契約の識別においては、基準に定める5つの要件[3]のすべてを満たす顧客との契約を識別すると定められている。その1番目は当事者が書面、口頭、取引慣行を承認し、それぞれの義務の履行を約束していることとある。これは契約書の調印をもって会計処理を行ってきた従来の実務に対し、口頭による契約の承認により、調印前に会計処理が行われる可能性を検討する必要がある点、企業側は注意すべきである。このようなケースでは、監査人は契約書面の証拠確認に留まらず、経営管理者への質問や折衝記録の閲覧等、従来よりも慎重な対応が求められる。

また、5番目の要件に付随して、対価を回収する可能性の評価にあたっては、対価の支払期限到来時における顧客が支払う意思と能力を考慮するとある。これは契約で定められた価額に基づき会計処理を行い回収額との差額を貸倒損失としてきた従来の実務に対し、後述する変動対価の見積額に基づいて収益認識すべきか否か、企業側は契約条件並びに他の事実及び状況の評価に基づき判断する必要がある。この点、財務報告に係る内部統制の追加的な整備が必要と思われ、基準適用に際し企業側がその整備と運用を適切に行っているか、監査人には慎重な検討が求められる。

② 取引価格の算定

第3ステップである取引価格の算定においては、変動対価や顧客に支払われる対価などを考慮し調整を行い、取引価格を算定すると定められている。一般消費財産業で卸売・小売企業に対し広く行われている値引、リベート、返品権付販売などは、変動対価とされ、物品の顧客への移転と交換に企業が権利を得ることとなる対価の額を見積もる必要がある。つまり、取引価格の総額で会計処理し、値引、リベートを販売費処理している場合、それらの見積額を収益から控除すべきかどうかの検討が必要となる。

また、契約上返品を約している場合、従来は取引価格の総額で会計処理し、返品を受ける可能性が高い場合、返品調整引当金を計上し、繰入額を売上総利益から控除する実務が行われてきた。収益認識会計基準適用後は、返品されると見込まれる物品については収益を認識せず、販売対価の額で返金負債を

【図表1】5ステップ

① 契約の識別
② 履行義務の識別
③ 取引価格の算定
④ 履行義務への取引価格の配分
⑤ 履行義務充足による収益の認識

【図表2】

*支配が移転したことを示す指標の例示（基準40項）	▶顧客に提供した資産の対価を収受する現在の権利を有している ▶顧客が資産の法的所有権を有している ▶顧客が物理的に占有している ▶顧客が資産の所有に伴う重大なリスクと経済価値を享受している ▶顧客が資産を検収している

認識し、各決算日に返金負債の額を見直し、認識した収益の額を変更することが求められる[4]。

変動対価の見積りは、最頻値と期待値による方法のいずれかのうち、企業が権利を得ることとなる対価の額をより適切に予測できる方法を用いるとされており、企業側に自由選択権が認められているものでは無い点、留意が必要である。

取引価格の算定については、従来の会計実務からの大きな変更が多く、また売上高の算定に大きな影響を及ぼすものであるため、企業側には基準が求めている処理をしっかりと認識し、情報システムの改修を含め、財務報告に係る内部統制の見直しが求められる。また監査人は、企業側が基準を的確に理解し、所要の整備・運用が行われていることを慎重に検討する必要がある。企業側だけでは十分な対応が難しい場合は、監査人の的確な指導が求められる領域でもある。

③　履行義務の充足

第5ステップである履行義務の充足について、企業は約束した物品を顧客に移転することにより履行義務を充足した時に収益を認識すると定められている。資産が移転するのは顧客が当該資産に対する支配を獲得した時とされ、基準は支配の移転を検討する際の指標として**図表2**の通り、5つの考慮すべき点を例示列挙している[5]。

従来の会計実務では、実現主義の適用として出荷基準、着荷基準、検収基準など企業の実情と慣行により継続的に選択適用され、収益認識が行われている。基準の適用にあたり顧客に支配が移転しているかどうか、企業側で情報システムの改修の必要性を含め今一度、検討が必要である。

なお、国内の物品販売について、出荷時から支配移転時までの間が通常の期間である場合、出荷時や着荷時に収益を認識することが認められている。ここに、通常の期間である場合とは、当該期間が国内における出荷及び配送に要する日数に照らし取引慣行ごとに合理的と考えられる日数である場合をいい、これまでの実務に配慮した取扱いを定めている。

監査人は、企業側が行った顧客への資産移転の評価を慎重に吟味するとともに、国内の物品販売に関し企業側が出荷基準など容認規定を採用している場合は、その妥当性を評価する。

④　本人と代理人の区分

一般消費財産業では、仕入先直送取引や総発売元取引と呼ばれる取引実務が存在する。適用指針は、第2ステップの履行義務の識別にあたり顧客との約束を検討し、本人と代理人のいずれに該当するかの検討を求めている[6]。

本人とは、顧客に物品を提供する前に当該物品を支配し自ら提供する者をいい、対価の総額を収益として認識する。これに対し代理人とは、顧客のために第三者によって物品が提供されるよう手配する者をいい、その対価として受け取る手数料の額を収益として認識する。

顧客に物品を提供する前に支配しているかどうかを判定するにあたり、適用指針では**図表3**の通り、例示列挙している。

企業側は現在の自社の取引と会計実務を今一度点

【図表3】

■顧客に提供する前に企業が支配しているかの指標	▶約束の履行に主たる責任を有している ▶在庫リスクを有している ▶価格設定において裁量権を有している

検し、本人と代理人の区分、区分に沿った会計処理を行っていく必要がある。監査人は企業が実施した点検結果を吟味し、適切な区分と会計処理が実施されていることを確認する必要がある。

Ⅲ 監査手続の流れ

一般的な監査手続の流れを図示すると、**図表4**の通りとなる。

収益認識会計基準の適用にあたり、第一に着手すべきは①の準備である。基準は広範囲な取引を対象としており、企業側の準備にも一定程度の時間を要することが予想され、監査人は企業側への啓蒙、指導と同時に、自らの理解を文書化していく必要がある。

次に、基準の適用にあたり、収益認識に関しこれまで識別してきた主要な虚偽表示リスクについての網羅的な見直しが必要となる。当該見直しには、プロセスレベルの他、全社的なリスクの見直しも求められる。基準の導入により、これまでと異なる売上計上が求められる蓋然性があり、主要な経営指標の一つである売上高の変動は、企業トップや事業部門長の経営成績の達成に少なからぬ影響を与える虞なしとは言えない。監査人は、そこに潜む重要な虚偽表示リスクについて、不正リスクシナリオを想定しながら識別する必要がある。

チーム内部ミーティングや、経営者・事業部門長・CFOディスカッションを通じ、収益認識の変更点と会社の対応状況を踏まえ、③暫定的な監査戦略を策定し、④統制評価を行う。ここでの重要なポイントは、企業側がITをどの程度活用し対処しているかについて見極めることである。ITシステムが既存のままで新しい基準に対応しておらず手作業の処理と統制に依存せざるを得ない場合、大規模・複雑化した現代企業にとって親会社及び子会社群も含めた統制の評価に黄信号が点る虞がある。こういった事態を防ぐため、企業側は適用年度前に課題を十分洗い出し、一つ一つ解決していく必要があろう。監査人はこれに対し、批判性だけでなく、指導性も発揮すべきである。

⑤実証手続においては、新しい基準が想定する会計処理とその要件を企業側が満たしていることを、例年の監査よりも広範囲な実証手続により裏付ける必要がある。

また、⑤表示と開示について、たとえば注記内容などは基準上も今後の検討課題としていることから、ASBJの動向は常にウォッチし注記上求められる定性的、定量的な情報の収集と集約についても準備すべきであろう。監査人は、基準設定主体の動向のみならず、産業内外の他企業の動向も踏まえ、守秘義務を遵守しつつ企業側への積極的な情報提供により、企業側の準備促進に資することが求められるであろう。

監査チームは、⑥審査において、合理的な基礎を形成し慎重かつ十分な手続を完了したことを審査担当パートナーや上級審査会の場で監査調書をもとに説明できるよう、特に適用初年度においては早め早めの対応を心掛ける必要がある。

【図表4】

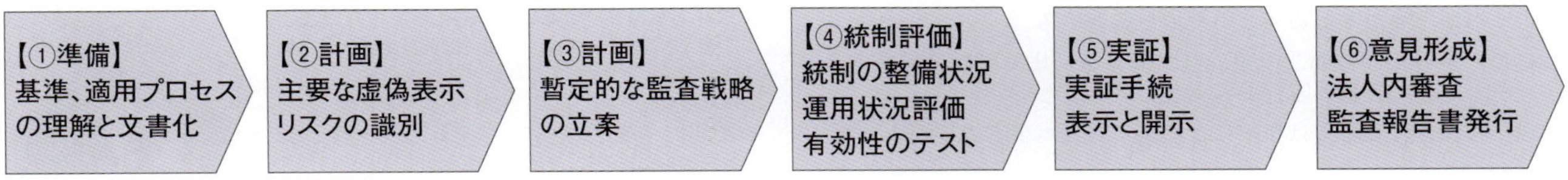

【①準備】	【②計画】	【③計画】	【④統制評価】	【⑤実証】	【⑥意見形成】
基準、適用プロセスの理解と文書化	主要な虚偽表示リスクの識別	暫定的な監査戦略の立案	統制の整備状況 運用状況評価 有効性のテスト	実証手続 表示と開示	法人内審査 監査報告書発行

Ⅳ　むすびに

　収益認識会計基準が適用範囲としている領域は幅広く、また適用指針や設例を用いて十分な解説を行っているが、企業活動は業種によって多種多様であり、個社の事情に即した検討が求められる。企業側が本基準を適用するにあたっては、プロジェクトマネジメントの手法により、経理部門のみならず、企業トップから事業部門長、法務・総務などの各機能部門が一丸となって全社横断的な取り組みが求められる。また連結企業集団を構成する子会社・関連会社においても同様の取組みが求められる。

　その遂行には一定の期間と、人的資金的リソースの投入が必要不可欠であり、原則適用時期まで間があるからといって漫然と経理部門のみに検討を任せるのではなく、企業トップは経営の重要課題の一つとして位置づけ、トップ主導による取り組みが求められる。また、これを機にシステム更新を検討している場合、更新の失敗が売上高の適切な算定を阻害するということを自覚し、達成可能なスケジュールを組み、ステップ・バイ・ステップでの進捗管理が求められることはいうまでもない。

　我々公認会計士・監査法人も、監査及び会計の専門家として、企業トップや経営管理層とのコミュニケーションの機会をとらえ、新基準導入の進捗状況や監査人として把握した企業側の検討課題を率直にぶつけ、建設的・生産的な意見交換を行うことで指導性を発揮することが求められる。まさに職業専門家としての力量を発揮する絶好の機会である。

【注】
1)　企業会計基準第29号「収益認識に関する会計基準」第16項
2)　同　第17項
3)　本会計基準を適用するにあたっては、次の(1)から(5)の要件のすべてを満たすと顧客との契約を識別する。
　　(1) 当事者が、書面、口頭、取引慣行等により契約を承認し、それぞれの義務の履行を約束していること
　　(2) 移転される財又はサービスに関する各当事者の権利を識別できること
　　(3) 移転される財又はサービスの支払条件を識別できること
　　(4) 契約に経済的実質があること（すなわち、契約の結果として、企業の将来キャッシュ・フローのリスク、時期又は金額が変動すると見込まれること）
　　(5) 顧客に移転する財又はサービスと交換に企業が権利を得ることとなる対価を回収する可能性が高いこと
4)　企業会計基準適用指針第30号「収益認識に関する会計基準の適用指針」第84項－88項
5)　企業会計基準第29号　第40項、企業会計基準適用指針第30号　第14項、第80項－第83項
6)　企業会計基準適用指針第30号　第39項－第47項、第135項－第138項

會田　将之（あいだ　まさゆき）

EY新日本有限責任監査法人シニアパートナー公認会計士。
1991年公認会計士第二次試験合格、1992年青山学院大学卒業。入所後、金融機関及び事業会社の監査に従事。2002年メガバンク法人本部出向。2006年社員就任、2011年シニアパートナー昇格。現在、消費財・小売セクターアシュアランスリーダー、法人管理本部長補佐（業務改革担当）。

特集 Ⅲ

わが国の会計人材の養成を考える

■会計人材養成のための会計教育の課題／柴 健次
■会計大学院教育の過去・現在・未来／久持英司

特集Ⅲでは、会計教育の観点から、2篇の論稿を所収している。1篇は、関西大学の柴 健次教授による「会計人材養成のための会計教育の課題」である。柴教授は、日本公認会計士協会からの委託調査「会計基礎教育に関する実態調査」の代表として、本年5月に調査報告書を纏められたばかりである。もう1篇は、本学の久持英司准教授による「会計大学院教育の過去・現在・未来」である。久持准教授は、本年5月より会計大学院協会の幹事の職責を担われており、現時点で会計大学院における教育の変遷を振り返っていただいた。

特集 Ⅲ

会計人材養成のための会計教育の課題

関西大学会計専門職大学院 教授
柴　健次

Ⅰ　会計人材に対応する教育に向けての序論

　特集「わが国の会計人材の養成を考える」に合わせて論題を「会計人材養成のための会計教育の課題」とした。我々は人材の前に人間として存在する。そこで人的資源（能力）、労働者（能力を仕事に変換する人）、そして労働（仕事）という3点から接近してみる。人材としての人間は、顕在的・潜在的な人的資源ととらえられる。また、組織内では労働成果を生産する者即ち労働者としてとらえられる。最後に、その人的資源や労働者としての属性を離れて、生産された仕事によって評価される側面をも有する。

　人的資源の観点から人間に迫るとき、我々の関心からは、会計的素養を備えた者と、会計的素養のない者に大別される。前者が会計人材、後者が潜在的会計人材である。この区別は人間が生産する労働成果という観点から意味を持つ。会計的労働をしない人間は当面は潜在的会計人材として存在する。つまり、会計人材養成の観点から言うと、会計人材には既存の能力の高度化の教育が求められ、潜在的会計人材には希望に応じて会計人材へ誘導する教育が求められる。会計界にとってはいずれも重要な教育対象である。

　労働者の観点から人間に迫るとき、会計人材は会計労働に従事し労働成果を生産する労働者として認識される。会計労働者は自身が有する会計的資源に働きかけて、対価を得て労働成果を生産する労働者である。この労働者は機械ではないので、労働意欲との関係で労働の品質を意図的に変えることができる。一方、顕在的・潜在的な会計人材即ちすべての人間のうちの多くが会計労働に無縁であるかもしれない。彼らはすべての労働に無縁な者と会計労働以外の労働に従事する者が含まれる。前者の代表が子供である。後者の代表が会計に関しては趣味人である。趣味人は自らの学習課題を決定する能力を備えた人間なので、我々は彼らへの教育を後回しにして良いかもしれない。反対に、子供への教育は最優先すべきである。というのも、彼らは潜在的大人であるから、潜在的会計人材であり、潜在的労働者でもある。かかる潜在性を意識しながらも、基本的には生活者としての会計的素養の育成という課題が重要となる。我々の関心はここに重心がある。

　最後に、会計的人的資源と会計労働の関係を追求することが必要になる。ここでは媒介となる労働者は捨象される。そこで人間は機械のように動くと仮定して、会計的人的資源と会計労働の生産的関係に関心が集まる。即ち会計労働の成果というアウトプットを見据えた会計人材の効率性を求める教育プログラムが求められる。

　以上の整理に加えるべきことがある。会計労働者のうちには会計専門家が含まれる。会計労働に従事する者のうち何らかの資格を有する者を会計専門家として区別するのである。これらに対して、潜在的会計労働者・潜在的会計専門家の存在がある。

Ⅱ 学習者の多様性を考慮した会計教育

1. 会計教育の対象者

　会計人材の多様性は指摘した通りだが、およそ会計人材養成と無関係な会計教育はない。すべての人間は子供から大人へと育っていくので、あらゆる面で潜在性を秘めているが、**すべての人間が生きていくために必要とする会計教育（会計リテラシー教育）**が求められる。この会計リテラシー教育は会計を含むリテラシー教育の一部である。一方、会計労働者はすでに会計人材であるが、**会計労働者が生み出す仕事の質を維持し、高めるための会計教育（専門教育。職業教育といっても良い）**が求められる。とりわけ会計専門職と呼ばれる労働者にはより高度な会計教育（会計専門職教育）が求められる。潜在的な会計労働者・会計専門家の場合、当面は、検定試験や資格試験の受験対策的な会計教育（受験教育）が求められるかもしれない。しかしながらリテラシー教育が欠けていると、会計人材として完全なものとはならない。さらに、会計労働に就かない教養人にとって**人生を豊かにする会計教育（教養教育）**は不可欠かもしれないが、教育における優先順位は落ちるかもしれない。

2. 会計リテラシー教育

　かつて庶民の学校であった寺子屋では「読み書きそろばん」が教えられていた。今日ではこれをもじって「英語、コンピュータ、簿記」を学べと大学卒業生が後輩である現役の大学生に助言するところをよく見聞きする。これを言語という観点から「ACEをねらえ」というフレーズで学習者を鼓舞する先生がいる[1]。想像がつくと思うが、AはAccounting、CはComputer、EはEnglishである。この先生、同じ「ACEをねらえ」を、AはAccountability、CはCredibility、EはEthicsと進化させている。「読み書きそろばん」とは手習いの基本科目であり、言語としての「ACE」は意思疎通の手段であり、その進化版である「ACE」は企業人あるいは広く社会人が心得ておくべき基本項目である。

　以上における「そろばん」や「簿記」あるいは「Accounting」や「Accountability」は広く万人が学ぶべき内容である。これらを本来のリテラシー（字義通りだと識字、転じて特定分野において学ぶべき知識や技術）になぞらえて「会計リテラシー」呼び、そのための教育を「会計リテラシー教育」と呼んでおこう。すなわち、会計リテラシー（教育）は生活者に必須の学習内容となる。

3. 専門教育

　これに対して、会計関連の職業・職務に携わる専門家には、彼らが専門家として備えるべき知識や技術を必要とする。企業経営のうち会計を主とする企業人、公認会計士、税理士、会計関連の規制業務に携わる公務員、会計情報を収益源とする分析家、これらの会計職に関する関心が高い研究者などが専門家である。さらにはこれら会計専門家になりたい候補者も含まれる。どの職種に就くかによって必要とする知識や技術は異なるが、非専門家に対してはるかに質量ともに豊かな教育が求められる。これを専門教育と称する。この専門

図表1　会計教育の分類

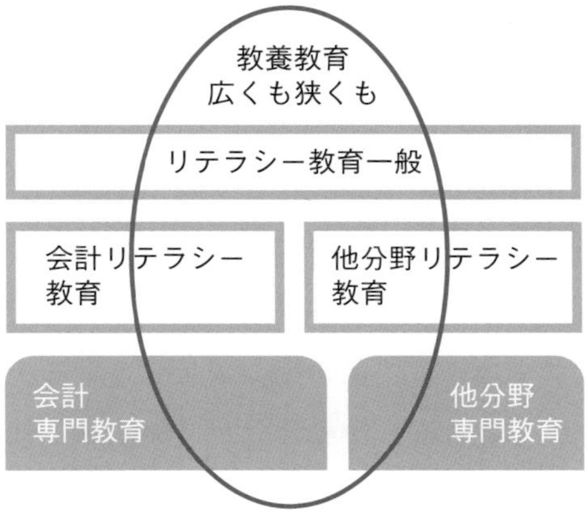

- リテラシー教育（基礎教育を含む）：生きていくうえで必要な知識・能力のすべてを習得することは難しくなってきている。限られた時間内でも可能な限り学ぶ。
- 専門教育：誰もが職業と直結するような特定分野を専門的な知識・能力として学ぶ。
- 教養教育：職業と直結しないまでも、幅広い分野の知識・能力を学ぶ。人それぞれで、教養の内容と深さには差が出る。

（図：教養教育 広くも狭くも／リテラシー教育一般／会計リテラシー教育／他分野リテラシー教育／会計専門教育／他分野専門教育）

教育はリテラシー教育を含む。

4. 教養教育

さらに、職業として会計を学ぶわけではないが、生活者として必須のリテラシー教育を超えて、幅広い会計の知識と技術を学ぶ者もいる。こうした者に対する教育を教養教育と呼んでおこう。教養教育を望む学習者は会計の領域において専門家の知識や技術に接近するかもしれないうえ、会計に限らず、他の専門分野についても幅広い知識や技術を習得したいと願うものもいる。誰からも強制されないこれら教養人は、それゆえ、求める知識や技術も大きく異なるため、俗に教養の深い人から教養の浅い人まで生み出される。こうした教養人に対する教育を教養教育と呼んでおこう。

III 受託調査「会計基礎教育に関する実態等の調査」

我々は2013年度から2015年度にかけて科研費を得て「会計リテラシーの普及と定着に関する総合的研究」に取り組んだ[2]。その後、日本公認会計士協会より「会計基礎教育に関する実態等の調査」の委託をされ、2017年度に同調査に取り組んだ[3]。

1. 会計教育の分類と概念整理

これら2つの研究を通じて、会計に関するリテラシー教育、専門教育、教養教育の概念整理を行った。その結果が、先に示した図表1「会計教育の分類」である。加えて、JICPAの委託研究においては、リテラシー教育と基礎教育の整理を行った。会計基礎教育は会計リテラシー教育を含む広い概念であると結論付けた。会計基礎教育のうちの会計リテラシー教育は会計固有の知識や技術を指す。その他の基礎教育として、会計リテラシーを理解するための関連知識を含めることとした。その拡大部分には、初等・中等教育における算数・数学、家庭科、社会科を含む。注意しなければならないのは、会計の教育者がこれら関連科目の内容を見れば会計の基礎知識が多く含まれていると実感するが、関連科目の担当教師が会計の基礎的素養を有しない場合、当該科目に含まれている会計関連の基礎知識が生徒に伝えられない可能性がある、ということである。

2. 調査書における提言

我々は委託調査を踏まえて4つの提言を行った。

提言1　会計に固有の基礎知識を義務教育に含めていくことが重要である。

会計が社会で果たす役割については、事の本質をとらえて易しく語れば、たとえ義務教育段階でも理解できる。このたび、中学校社会科次期学習指導要領解説社会編において会計に触れることが盛り込まれたが、これまで会計について不慣れな社会科教員に対して指針を与えるべく考えうる対策を講ずる必要がある。我々は義務教育という有限の授業時間内に会計教育の内容が盛り込まれる現象を会計教育のリテラシー化と呼んでいる。会計がリテラシー化されると、義務教育の先生方向けの教材が必要となる。こうした義務教育化に伴う教材の作成には会計研究者や会計専門職の協力が必要となる。

提言2　会計の理解に役立つ基礎知識としての算数・家庭科等と会計の関連性を明確にした義務教育を求めたい。

義務教育における算数科や家庭科には会計側から見ると重要な基礎教育が含まれている。しかし、これら教科の教師が会計との関連性を自覚していなければ会計の理解に役立つ基礎教育として成立しない。ここでは会計のリテラシー化は実現していないが、会計教師がこれら教科の担当教師と協力すれば、会計教育の裾野を広げることが可能である。ここでも、会計研究者や会計専門職の協力が必要となる。

提言3　会計が「できる」から会計が「わかる」教育への展開が必要である。

この提言は、「できる」の次の段階として「わかる」があるのではなく、例えば簿記の帳簿をつけることはできなくても会計の重要性を理解している、ということなどを意味している。そこで、「会計が『できる』だけでなく会計が『わかる』教育への展開が必要である」と表現した方が良いかもしれない。会計は記録と報告の両方を担うが、そのような会計行為が社会でなぜ必要なのかを発信し続けることが重要である。そのため、報告書では、報告の背景にあるアカウンタビリティを理解させる必要があると指摘した。

提言4　会計は複雑な現代社会を生きるために必要な知識（リテラシー）であることの認識を広める必要がある。

すべての人間にとって親しみやすい会計をめざすことが重要である。本調査を委託した日本公認会計士協会は職業団体としての本来業務を超えて、万人に対する会計教育で指導的役割を果たす可能性が期待される。特に子供向けの教育に関しては、多くの会計研究者や会計専門家が、公認会計士協会の「ハロー！会計」（小中学生向けの会計講座）の教材やノウハウを共に考えることが期待されている。それ以外にも子供向けの学習教材の開発に協力することも大事である。例えばゲームやクイズ、動画やカルタなどが挙げられるかと思う。

Ⅳ 会計教育を考える個別事例

1. 算数を会計基礎教育とみる視点

我々の委託調査において協力者の浦崎直浩氏は小学校算数の学習指導要領を会計的視点から読み替えている。我々が算数は会計の基礎教育であると結論付けた事例である。

2. 会計のリテラシー化（中学校社会科公民系）

2017年7月に中学校の次期学習指導要領解説社会編において、『市場の働きと経済』の内容の取扱いについて、以下の文章が含まれた。

「資金の流れや企業の経営の状況などを表す企業会計の意味を考察することを通して、企業を経営したり支えたりすることへの関心を高めるとともに、利害関係者への適正な会計情報の提供及び提供された会計情報の活用が求められていること、これらの会計情報の提供や活用により、公正な環境の下での法令等に則った財やサービスの創造が確保される仕組みとなっていることを理解できるようにすることも大切である。」

限られた時間の中にたくさんのリテラシーを教育するという使命を帯びた義務教育において会計のリテラシー化が図られたことは画期的な出来事だと我々はとらえている[4]。

図表2　小学校学習指導要領（平成29(2017)年3月）「算数」

学年等	内容	会計的読み直しができる視点
全体目標	目標：数学的な見方・考え方を働かせ，数学的活動を通して，数学的に考える資質・能力を次のとおり育成することを目指す。 (1) 数量や図形などについての基礎的・基本的な概念や性質などを理解するとともに，日常の事象を数理的に処理する技能を身に付けるようにする。 (2) 日常の事象を数理的に捉え見通しをもち筋道を立てて考察する力，基礎的・基本的な数量や図形の性質などを見いだし統合的・発展的に考察する力，数学的な表現を用いて事象を簡潔・明瞭・的確に表したり目的に応じて柔軟に表したりする力を養う。 (3) 数学的活動の楽しさや数学のよさに気付き，学習を振り返ってよりよく問題解決しようとする態度，算数で学んだことを生活や学習に活用しようとする態度を養う。	1. 会計的計算の基礎 2. 会計的分類の基礎 3. 取引の組織的記録の基礎 4. 会計データの活用の基礎

3. 簿記教育の再考の必要性

簿記に関しては商業高校で学習する場合を除けば、個人が独学するか、大学の商・経営系統の学部へ入ってから学習するケースが多い。後者では商業高校の学習指導要領が基本となって学習計画が組まれているわけではない。むしろ、日本商工会議所の出題範囲区分が参照されていることも多い。これら以外に、参照しうる簿記基準はない。しかしながら、会計リテラシーとしての簿記、専門教育としての簿記、教養教育としての簿記の内容が整理されて論じられる機会は少ない。

義務教育では家庭科の教科書において小遣い帳が取り上げられている。この例を拡張して、大人の世界ではなぜ記録と報告が必要となるのか、なぜアカウンタビリティが必要となるのかといった基礎的な考え方は義務教育でも教育可能である。

これらの内容が義務教育で学習済みであるとすれば、高校では複式簿記については、財務諸表の構成要素の結合関係を踏まえ、どの項目を加減すれば利益の変動をもたらすかといった論理的構造の理解を重視し、記帳方法を指示する会計基準の理解は最小限で良いかもしれない。

このように算数・数学と同じように義務教育9年と高校教育3年の12年間をかけた簿記・会計の体系的な教育ができないか議論すべきである。

4. 専門教育の重点項目

受験学習としては出題者の意図をくみ取り合格答案を書くことが当面の目標となることを否定しない。しかし、これだけにとどまっていては会計専門家としての能力に限界を生じるであろう。そのため、いずれの会計専門職大学院でも会計専門家としての資質を高めるための教育に工夫がみられる。

専門教育に関して、2018年3月15日にIASBを訪問し[5]、理事と教育担当ディレクターに対し会計リテラシー教育と会計専門教育について質問し、両氏から「原則主義」に従って会計専門家として「判断」を下すことが何より重要であり、専門教育ではこうした「判断の訓練」を取り込むことが重要であるとの示唆を得た。これが「受験教育」との差になる。我々も今一度、考え直してみる必要がある。

本稿では大学学部における会計教育に触れていない。会計専門職大学院や商業高校と比較するまでもなく、学部での会計教育が担当教員個人の力量に大きく依存する事実は大方が理解しているところであり、会計教育研究の観点からは未開拓の研究分野ともいえる。

【注】

1) 関西大学で講義・講演をいただいている牧野信夫氏の専売特許的フレーズだが、毎回変わるスライドを参照しがたいのでここに説明調で紹介している。このことは何も牧野氏に限った主張ではないが、耳に残りやすいということで筆者もしばしば引用している。
2) 成果報告書は1331頁に及ぶため市場性がないことから出版化していない。そこで、報告書全1冊のほか、6部に分冊化するなどして、Dropboxで公開中である（共有ホルダーは、KAKEN 25245057 Accounting Education）。閲覧希望の場合には、kenshiba@kansai-u.ac.jp まで連絡されたい。
3) 調査報告書は2018年5月31日付で日本公認会計士協会のWEBサイトに公表された。
https：//jicpa.or.jp/news/information/2018/20180531hsw.html
4) その後、2018年6月に高等学校の次期学習指導要領の新教科「公共」の解説に同趣旨の文言が含まれることになった。
5) IASBの山田辰巳理事、鶯地隆継理事にIASB、CIPFA、KPMGへの訪問・面談の労をおとりいただいた。IASBでは、理事のAnn Tarca氏と教育担当ディレクターのMatt Tilling氏にご対応いただいた。ここに記し、謝意を表する次第である。

柴 健次（しば けんじ）

関西大学大学院会計研究科教授。
専門はディスクロージャー、政府会計、会計教育。大阪府立大学経済学部、神戸商科大学大学院を経て、1982年大阪府立大学助手、のちに教授。96年関西大学商学部教授、2006年より現職。現在、日本ディスクロージャー研究学会名誉会長、日本会計教育学会理事・前会長、政府会計学会会長など。

特集 III

会計大学院教育の過去・現在・未来

青山学院大学大学院会計プロフェッション研究科 准教授
久持 英司

I はじめに

かつて最大18校あった会計専門職大学院は、2018年8月現在、12校（北海道1校、東北1校、関東6校、関西3校、九州1校）にまで減少した。いずれも高度な会計人材を育成するために奮闘しているが、その開設から現在までの道のりは決して平坦ではなかった。12校が賛助会員2団体とともに参加する会計大学院協会の動向とともに、その開設から現在までの動きを振り返り、そして将来に向けどのようにして生き残りを図ることができるか、見ていく。

かつて「会計専門職大学院の過去・現在・将来」との巻頭言が、会計専門職大学院（以下、会計大学院）の相互協力団体である会計大学院協会のニュースレター『会計大学院協会ニュース』8号（2009年5月）に掲載されたことがある。これは、当時の鈴木豊・会計大学院協会理事長（青山学院大学教授：以下、本稿で挙げる肩書きはすべて当時のもの）が執筆されたものであり、そこでは「多くの会計大学院は認証評価期間で表すと第1サイクル目が終わり、第2サイクル目に入りつつある」（p.3）としている[1]。

筆者は今年5月、小西範幸・青山学院大学教授が会計大学院協会の第6代理事長に就任したことに伴い、事務局幹事を拝命した。これを機に、会計大学院協会から公表されてきた刊行物（事業報告、ニュースレター、『会計大学院協会10年の歩み』[2015年1月]）および日本公認会計士協会と会計大学院協会の合同による『会計専門職人材調査に関する報告書』（2015年6月）等を整理した。本稿では、これら刊行物を参考に、間もなく「第3サイクル目」も終わろうとしている[2]、会計大学院と会計大学院協会による教育活動の現在と過去を振り返り、最後に今後ありうる道のりについて述べたいと思う。

II 会計大学院教育の過去から現在へ ―会計大学院とは―

本稿では、会計大学院と会計大学院協会の2017年度末現在までの状況について説明することで、過去から現在について述べたこととしたい。

わが国には現在、会計大学院は12校あり、すべて会計大学院協会に会員校として入会している。12校は50音順に、青山学院大学（大学院会計プロフェッション研究科）、大原大学院大学（大学院会計研究科）、関西大学（大学院会計研究科）、関西学院大学（専門職大学院経営戦略研究科会計専門職専攻）、熊本学園大学（専門職大学院会計専門職研究科）、千葉商科大学（大学院会計ファイナンス研究科）、東北大学（大学院経済学研究科会計専門職専攻）、兵庫県立大学（大学院会計研究科）、北海道大学（大学院経済学研究科会計情報専攻）、明治大学（専門職大学院会計専門職研究科）、LEC東京リーガルマインド大学院大学（大学院高度専門職研究科会計専門職専攻）、早稲田大学（大学院会計研究科）である。また、会計大学院の設置を予定している法人は準会員校として入会することができるが、現在、

準会員校はいない。この他に、賛助会員として日本公認会計士協会および日本税理士会連合会の2団体も加入している。

専門職大学院とは、2003年8月の文部科学省中央教育審議会の『大学院における高度職業人要請について（答申）』を受け、学校教育法と専門職大学院設置基準により設置されたものであり、法令上高度職業人の養成を求められている[3]とはいえ、必ずしも公認会計士の養成を会計大学院に対して直接求めているわけではない。しかし、中央教育審議会の答申は、法科大学院（ロー・スクール）創設とその修了を受験要件とした司法試験制度改革と同時に行われていた。加えて、公認会計士試験に関しては、ほぼ軌を一にして2002年12月の金融庁金融審議会公認会計士制度部会『公認会計士監査制度の充実・強化』(p.3)が専門職大学院と公認会計士制度との連携について言及し、数値目標を立てるのは難しいとしながらも「例えば…（中略）…平成30年頃までに公認会計士の総数を5万人程度の規模と見込むこと…（中略）…年間2,000名から3,000名が新たな試験合格者となることを目指すこと」が考えられるとしていた。『会計大学院協会ニュース』1号（2005年12月）の巻頭言で加古宜士・会計大学院協会理事長（早稲田大学教授）が挙げている当時の公認会計士の人数は会計補を含めて約21,500名、また2018年（すなわち平成30年）7月現在の公認会計士の人数は日本公認会計士協会のホームページによれば30,597名であることから、後知恵だが、これがいかに野心的な目標だったかがわかる。

こうした点を受けて、2003年5月に公認会計士法が改正され、2006年度の公認会計士試験から試験制度が現行の二段階（短答式試験と論文式試験）に変更された。と同時に、会計大学院で然るべき単位数を修得し学位を取得した場合には、短答式試験の一部が免除される[4]ことも決まったことから、「会計大学院＝公認会計士志望者のため」というイメージが広まり、また実際多くの会計大学院では、少なくとも制度創設時には公認会計士養成を主たる目的として活動してきたように読み取れる[5]。

このことを前提とするならば、会計大学院在学者・修了者が公認会計士試験合格者のうちどの程度を占めているのかが、会計大学院制度の評価指標となるだろう。そこで「平成29年公認会計士試験 合格者調」と会計大学院協会の調査[6]によれば論文式合格者のうち、会計大学院在学者・修了者の占める割合は**図表1**のようになる。

欄外に記したように、データの欠落が多いため判断に注意は必要だが、2011年度から2016年度まで会計大学院の在学生・修了生は健闘したといえるだろうか。近年の減少については、会計大学院在学生・

図表1　論文式試験合格者に占める会計大学院在学生・修了生の割合

年度	論文式試験合格者数 ①	うち会計大学院在学生・修了生 ②	会計大学院在学生・修了生が占める割合 ②／①	集計校数	備考
2006	1,372	20	1.5%	—	(注1、2)
2007	2,695	100	3.7%	—	(注1、2)
2008	3,024	179	5.9%	—	(注1)
2009	1,916	134	7.0%	—	(注1、2)
2010	1,923	172	8.9%	—	(注1)
2011	1,447	131	9.1%	—	(注1)
2012	1,301	142	10.9%	17	
2013	1,149	139	12.1%	—	(注1)
2014	1,076	141	13.1%	15	
2015	1,030	120	11.7%	15	
2016	1,098	113	10.3%	12	
2017	1,215	100	8.2%	12	

注1：2006～2011年度および2013年度については原データが手許になく、集計校数が不明のため『会計大学院ニュース』掲載の調査結果を「会計大学院在学数・修了生」とした。その調査結果には欄外に「会計大学院によっては、一部の項目について未集計」と記されており、さらに自校の合格者数について調査自体を行わない会計大学院もある。

注2：2006、2007および2009年度の「会計大学院在学生・修了生」のデータは会計大学院協会による調査結果が入手できなかったため、2006、2007年度は「平成29年公認会計士試験　合格者調」の数値を、2009年度は『会計専門職人材調査に関する報告書』p.79の数値を用いた。

注3：論文式試験合格者については旧2次試験合格者の短答式試験みなし合格者を除いたものである。

修了生の志願者数が減ったことも理由として考えられるが、正確な志願者数については会計大学院協会では調査していない。

　仮に高度な職業会計人の養成は公認会計士にとどまるものでないとするならば、税理士試験合格者の状況はどうであろう。事実、税理士試験の科目免除を満たす教育カリキュラムを設置している会計大学院も多い。会計大学院協会では会員校に対し、公認会計士試験と同様の方法で税理士試験合格者の調査は行っていないが、代わりに毎年修了する在学生の進路調査と資格取得者数調査は依頼している。非公開のデータのため、ここに示すことはできないが、修了した在学生のうち税理士試験合格者の占める割合は例年、公認会計士試験合格者が占める割合よりも少ない。その理由は、税理士試験は科目合格が可能であり、そこで修了後に免除科目以外の科目について、実務経験を積みながら受験勉強を続ける者が多いためと思われる。

　資格取得者状況という「出口」での判断が難しいとなると、会計大学院が世の中に受け入れられているか否かは、会計大学院の入学者数や定員充足率、すなわち「入口」の状況によって判断することになろう。会計大学院におけるこれまでの定員、志願者数、入学者数等の推移を示すと図表2のようになる。

　『会計専門職人材調査に関する報告書』も述べているように、図表2を見ると志願者数は2010年度から減少傾向にあり、2014年度には底を打ち、現在はやや持ち直しているところである。定員充足率にも同様の傾向が見られる。この傾向の原因は2014年度に「会計士不足問題」が生じ2008年度前後の「待機合格者問題」の記憶が薄れてきたため、あるいは社会人学生が増えたためなど、いくつか考えられる。いずれにしても、今後も志願者を増やすための訴求効果のある方策を各会計大学院は考え続けなければなるまい。

図表2　会計大学院の入試に関する状況

年度	定員数 ①	志願者数 ②	入学者数 ③	志願者倍率 ②／①	定員充足率 ③／①	集計校数	備考
2006	460	1,002	512	2.18	1.11	7	(注1)
2007	865	1,565	793	1.81	0.92	16	(注2)
2009	965	1,443	819	1.50	0.85	17	(注2)
2010	995	1,727	901	1.74	0.91	18	
2011	865	1,418	776	1.64	0.90	16	(注3)
2012	945	1,229	718	1.30	0.76	17	
2013	945	977	615	1.03	0.65	17	
2014	910	722	487	0.79	0.54	16	(注3)
2015	850	783	635	0.92	0.75	13	(注4)
2016	770	783	551	1.02	0.72	13	(注4)
2017	770	880	566	1.14	0.74	13	(注4)

注1：2006年度は入試を行っていた会計大学院15校のうち、7校分のデータのみである。
注2：2007年度と2009年度は、入試を行っていた会計大学院は、それぞれ17校、18校であり、それぞれ1校分のデータが欠落している。
注3：2011年度と2014年度にそれぞれ1校が募集停止したため、集計校数が減少した。図表1の調査は募集停止校にも修了生の状況について問い合わせているため、図表1の集計校数と一致しない。
注4：2015年度は、3校が募集停止したため、集計校数が減少した。集計校数が図表1と一致しない理由は注3と同じ。
注5：2004、2005および2008年度はすべての集計データが欠落している。
（出所：『会計専門職人材調査に関する報告書』p.74に加筆）

Ⅲ 会計大学院協会の過去から現在へ ─教育活動と当時の周辺状況を中心に─

会計大学院協会は、設置趣旨でその事業を7つ挙げている。

(1) 会計大学院が行う職業会計教育の内容及び教育条件整備の検討と提言
(2) 会計大学院の教育方法等の改善に関する検討と提言
(3) 公認会計士試験のあり方に関する検討と提言
(4) 第三者評価等の教育評価の推進とあり方の提言
(5) 会計大学院に関する一般への広報活動
(6) 会計大学院の教育に係る関係機関(関係諸官庁、日本公認会計士協会、その他職業会計人団体、経済団体、第三者評価機関等)との協議に関する事項
(7) その他、協会が必要と認める事項

このうち、会計大学院の本業ともいえる教育活動に関係するのは(1)・(2)だろう。(3)・(4)・(6)も教育に関連する活動だが、厳密には教育活動そのものではなく、教育を外側から支援・評価する活動であろう。したがって本稿では主に会計大学院協会での(1)・(2)の活動について、当時会計大学院教育への関心を惹起したと思われる周辺状況も踏まえたうえで、述べることにする。(5)・(7)に関して会計大学院協会はこれまで多くのシンポジウムや講演会の主催、提言・意見書の公表など社会貢献活動も行っているが、これらについては割愛する。

1. 2005年度

会計大学院協会が加古宜士・初代理事長のもと、4月に会計大学院を開設していた会員校10校(青山学院大学、関西学院大学、千葉商科大学、中央大学〔専門職大学院国際会計研究科〕[7]、東北大学、法政大学〔大学院イノベーション・マネジメント研究科アカウンティング専攻〕、北海道大学、明治大学、LEC東京リーガルマインド大学院大学[8]、早稲田大学)、準会員校9校(愛知大学、大原大学院大学、関西大学、熊本学園大学、慶應義塾大学、甲南大学、専修大学、TAC大学院大学、同志社大学)、賛助会員2団体(日本公認会計士協会、日本税理士会連合会)をもって創設された。本年度には「会計大学院既設校におけるカリキュラムの現状に関するラウンドテーブルディスカッション」等セミナーを2回、またFD(教育能力開発)研修会を2回実施している。FD研修会は以後、毎年ほぼ1～3回、各会計大学院と共同で実施している。

2. 2006年度

任期満了に伴い、鈴木豊・第2代理事長が就任した。この年には、愛知大学(大学院会計研究科)、大原大学院大学、関西大学、甲南大学(大学院ビジネス研究科会計専攻)が会計大学院の開設と共に準会員校から会員校に変更された。また、立命館大学(大学院経営管理研究科企業会計コース)が会員校として、兵庫県立大学が準会員として、特定NPO法人国際会計教育協会が賛助会員として入会した。以上で会員校15校、準会員校6校、賛助会員3団体となった。協会としては、「会計大学院における国際会計人養成教育のあり方」等セミナーを2回共催している。

3. 2007年度

兵庫県立大学が会計大学院開設に伴い、準会員校から会員校に変更となった。また、愛知淑徳大学(大学院ビジネス研究科会計専門職専攻)が正会員として入会し、会員校17校、準会員校5校となった。この年より、会計大学院協会は大手4監査法人による協力のもと、在学生向けインターンシップを開始し、これは現在に至るまで毎年続いている[9]。また、日本公認会計士協会(その後一般財団法人会計研修機構が実施)との間で、会計大学院修了生が公認会計士試験合格後に受講すべき実務補習について、在学中に受講した、主に総論等に関する9科目27単位を、実務補習単位から減免することを認める仕組みもスタートした。

4. 2008年度

TAC大学院大学が設置取りやめにより退会し、準会員校4校となった。

本年4月から上場企業に対して内部統制報告・監査と四半期報告・レビューが制度化される一方、世界経済では前年度からのサブプライムローン危機の影響が残り、リーマン・ショック、そして世界金融危機と続いた。こうした中、前年度と本年度における公認会計士試験合格者数の急増により、合格者が資格取得に必要な実務経験要件を目指して監査法人に就職したくてもできない、いわゆる「待機合格者問題」が起こることとなった。

5. 2009年度

任期満了に伴い、八田進二・青山学院大学教授が第3代理事長に就任した。この年、熊本学園大学が会計大学院開設により準会員校から会員校に変更された。これで会員校18校、準会員校3校となり、会員校としては最大の校数となる。また、2010年2月に協会のコアカリキュラム検討委員会が最終報告書を作成し、コアカリキュラムとして各会計大学院に基幹4科目として会計職業倫理、国際財務報告基準、インターンシップ、IT監査を設置し、とくに前二者については必修に近い位置づけとされたい、という内容であった。

一方、本年6月には、企業会計審議会から『我が国における国際会計基準の取扱いに関する意見書(中間報告)』が公表され、IFRS(国際財務報告基準)の任意適用は2010年3月期から開始、最短で強制適用の判断は2012年、その場合の強制適用は最短で2015年より、とされた。翌年の2010年度の会計大学院入試での志願者数が最大となったのは、このことが影響していると思われる。

6. 2010年度

八田理事長ほか数名が会員校全18校における職業倫理教育の実態についてほぼ1年にわたり、現地で実際に聴講して調査した。

他方、深刻化する「待機合格者問題」に関しては、7月に金融庁が『公認会計士制度改革に関する懇談会(中間報告書)』で「待機合格者問題」への対策として「監査証明業務以外は行える会計のプロフェッショナル」(p.11)に係る資格制度、いわゆる試験に合格した段階で取得できる「企業財務会計士」資格の創設を提案し賛否両論を呼んだが、結局廃案となっている。

7. 2011年度

協会では専修大学が退会し、準会員校2校となった。また、会員校で長年、教育等に精励している教員を対象とした会計大学院協会教育貢献者賞を創設している。さらに、会計大学院カリキュラム等調査検討委員会が答申を公表し、教育活動に関連して、在学生の多くが公認会計士を進路としない会計大学院もあることを踏まえ、各大学院が将来的なキャリアプランを考慮したカリキュラム・モデルを設計すること、および各大学院と会計大学院協会が、入学者にとって魅力のある教育とは何かを議論し共有すること、という総合的な提言をした。

企業会計審議会ではこの年の6月の金融担当大臣談話を受けて、7月に『国際会計基準(IFRS)への対応のあり方についてのこれまでの議論(中間的論点整理)』を公表し、先に予想されていた2012年のIFRS強制適用決定は見送りとなった。また11月には、オリンパス事件が発覚している。公認会計士試験に関しては2012年1月、金融庁が公認会計士・監査審査会に対し『平成24年以降の合格者数のあり方について』の中で「合格者等の活動領域が依然として進んでいないこと、監査法人による採用が低迷していることに鑑み、平成24年以降の合格者数については、なお一層抑制的に運用されることが望ましい」と伝えている。

8. 2012年度

任期満了に伴い、高田敏文・東北大学教授が第4代理事長に就任した。この年に愛知淑徳大学が募集

停止に伴い退会し、会員校は初めて減少して17校となっている。また2012年度から、FD研修会は主に各会計大学院が独自に実施するようになり、協会単独では以後2年にわたって「受けてみたい会計大学院の授業シリーズ」と題し、各会計大学院から推薦された教員による授業の受講を計10回実施した。

『会計専門職人材調査に関する報告書』（p.27）によれば、2012年度に公認会計士試験における「待機合格者」問題はほぼ解消したとされている。

9. 2013年度

同志社大学が会計大学院設置を行わないとして退会し、準会員校1校となった。

この年の6月に企業会計審議会が『国際会計基準（IFRS）への対応のあり方に関する当面の方針』を公表してIFRS任意適用要件の緩和を示したこと等により、以後、IFRS任意適用企業が増え始めている。

10. 2014年度

愛知大学が募集停止により退会し、会員校16校となった。

本年6月には「『日本再興戦略』改訂2014」が閣議決定され、IFRSの任意適用企業の拡大促進の方針が政府からも示された。また、この頃から公認会計士試験合格者数が大手監査法人の採用予定枠よりも少ない「会計士不足問題」が生じ始めている。

11. 2015年度

任期満了に伴い、杉本徳栄・関西学院大学教授が第5代理事長に就任した。この年に国際会計教育協会が活動縮小により退会し、賛助会員2団体となった。

一方、本年7月には、東芝事件が公にされている。

12. 2016年度

甲南大学、法政大学および立命館大学が退会し、会員校13校となった。この年から会計大学院協会では会計教育研修機構が行っている公認会計士試験合格者向け実務補習への協力を開始し、12月に「課題研究」のeラーニング用ガイダンス講義（第1回目の導入部）のビデオ撮影に委員を派遣した。

13. 2017年度

中央大学と慶応義塾大学が募集停止により退会し、会員校12校、準会員校0校となった。前述した2010年2月に協会のコアカリキュラム検討委員会がIES（国際教育基準）をもとに会計大学院でのあるべきコアカリキュラムを設定していたが、IESの改訂を受け、協会の教育・FD委員会が2018年3月に『国際教育基準（IES）の改訂に関わる調査結果報告』を作成した。これは、新IESの内容を踏まえて公認会計士試験の領域との差異等について述べたものである。また、会計研修機構の実務補習所の教育カリキュラムが全面改正されたため、改めて10科目30単位が会計大学院履修による減免対象となった。

IV おわりに ―会計大学院教育の未来―

最後に各会計大学院および会計大学院協会が考えているであろう、教育活動を主体とした今後の生き残り策について述べることにする。

第一はリカレント教育の推進である。会計の重要性は学生生活の間でなく、社会に出てから初めて本格的に理解できるという。もともと会計大学院は設立当初から学部卒業者ばかりでなく、企業等の組織内の実務経験者や資格取得者に対し、さらなる高度な教育機会を提供する機関とされてきた。したがって会計大学院では、今後はこうした当初の理念に立ち帰って、大学を卒業したばかりの若い学生向けの教育だけでなく、実務経験を積んでいる人のための本格的な学び直しの場、またはすでに公認会計士・税理士等の資格を有する者に向けて、より上級の専門的知識等を得るための教育プログラムを提供することになると考えられる。その際、社会人向けカリ

キュラムの充実はもちろん、働きながら学べる環境を整えること（たとえば夜間および土日中心の講義開講等）も重要だろう。

第二は隣接領域へのカリキュラム拡大である。すでに多くの会計大学院では税理士試験と絡めて税法に関する教育カリキュラムを揃えているが、この他にファイナンス、年金数理計算、統合報告等、必ずしも資格試験の受験科目に直結するものではない講義科目を多く取り入れているところもある。

第三は地域への貢献である。数年前にローカル・タイプのL型大学なる議論が聞かれたことがあり、すでにその方面に舵を切っている会計大学院もあるというが、ひとたび地元に繋がりができれば、容易にその絆は解けないだろう。各地域に暮らす人が真に欲している特色ある教育カリキュラムを設定し、また在学生の就職先として地元を重視することで、地域から必要とされ、地域に支えられる会計大学院を目指す、という道すじである。

第四にAI（人工知能）神話への抵抗である。ここ数年、AIで会計の仕事がなくなるとの「神話」が広がり、それが会計の資格試験・検定の志願者低迷の一因となっているのでは、という話も聞く。しかしたとえば今年8月に公表された『経済産業白書』ではAIによって「企業の意識調査などによると…（中略）…代替を考えている業務は『会計・財務・税務』『書類作成』などの定型業務」（『日本経済新聞』2018年8月3日夕刊1面）とあるが、このような見方に対し、会計は書類作成と同レベルの定型業務と思われているのかと悲観するよりも、AIには定型業務を任せ、会計担当者はより創造的な仕事にとりかかれる、さらに場合によっては定型業務がなくなり会計担当者は休暇を取りやすくなる、と発想を変えることもできるのではなかろうか。そのために未来の会計人材とは、会計大学院で培った高度な教育と人間味に裏打ちされた「余人をもって代えがたい」人であるべきで、仕訳や電卓打ちが早いだけの「いくらでも代わりのいる」人であってはならないのはもちろんだろう。

【注】

1) 2005年4月の会計大学院協会発足と共に開設された会計大学院は9校で、この巻頭言が掲載された2009年時点における会員校18校の半数を占める。学校教育法109条3項により専門職大学院は5年以内毎に第三者認証評価を受けることが求められるが、入試等は開設の1年前から行われるため、これら会計大学院が2004〜2008年度の5年間（第1サイクル目）を認証評価の対象としたものと思われる。

2) 第2サイクル目を2009〜2013年度、第3サイクル目を2014〜2018年度とした場合をいう。もちろん2005年度以降開設の会計大学院ではこのサイクルに一致しない。

3) そのため専門職大学は、平成15年文部科学省告示1条により、大学院設置基準に定められた研究指導教員数の1.5倍の専任教員を置き、また同告示2条により専任教員の数のおおむね3割以上は実務家教員でなければならない。

4) 公認会計士法9条2項2号と同施行令1条により、会計大学院の学位を授与された者は、短答式試験のうち財務会計論、管理会計論、監査論の科目を免除を受ける際、公認会計士規則6条が挙げる財務会計科目10単位以上、管理会計科目および監査論科目それぞれ6単位以上、かつ合計28単位以上を修得した上で学位を授与される必要がある。

5) 『会計専門職人材調査に関する報告書』は「修了者の多くが公認会計士試験を受験することを期待されていた」（p.115）としている。

6) 公認会計士・監査審査会の「公認会計士試験 合格者調」では、学歴は受験申込時に数えるが、大学卒業見込の者で会計大学院進学予定者は受験申込時は大学在学、受験時および合格時は会計大学院在学ということになる。これを補正するため会計大学院協会では毎年会員校に合格時の在籍に基づく調査を依頼している。

7) すでに中央大学は（旧）専門大学院制度により、2002年4月にわが国初の会計専門大学院を開設し、翌年、専門職大学院に改組した。他の9校の開設は2005年4月である。

8) 当時の名称はLEC東京リーガルマインド大学。

9) 昨今、インターンシップは就職活動の一環として一般に考えられているようだが、会計大学院協会では在学生に監査法人での実務を現場で学んでもらうための教育活動として捉えている。

久持 英司（ひさもち えいじ）
青山学院大学大学院会計プロフェッション研究科准教授。
早稲田大学大学院商学研究科博士後期課程単位取得退学。駿河台大学経済学部（現：経済経営学部）専任講師、助教授、准教授をへて現職。会計大学院協会幹事。

会計プロフェッションのキャリア形成プログラム
- 会計監査プログラム
- 税務マネジメントプログラム

GSPA（青山学院大学大学院会計プロフェッション研究科）3つの特徴

1.「考える会計学。」の実践
知識を蓄えるだけの会計学ではなく、自ら思考し、判断や分析ができる「考える会計学。」を実践した、理論と実務を効果的にリンクさせたカリキュラム

多様性のある指導：少人数演習、リサーチ・ペーパー、エクスターンシップ

2. 各自の学習環境に応じた修業年限の選択
標準2年制、標準3年制、キャリアアップ1年半制、リカレント1年制から選択

3. 充実した学習環境
終日使える自習室、特別演習講座による日米CPA試験および税理士試験のバックアップ

青山学院大学大学院 会計プロフェッション研究科
詳しくは 青学 会計 検索
http://www.gspa.aoyama.ac.jp/

【2年制コース、3年制コース、1年半制コース、1年制コースの中で、受講者の目的に応じたプログラムの選択が可能です。各コースとも、会計・監査プログラムまたは税務マネジメントプログラムの選択が可能となり、修了するとそれぞれの学位が授与されます。】

【コースの概要】

修了年限	標準2年制（3年でも可能）	キャリアアップコース1年半制	リカレントコース1年制
対象	学部卒見込者、既卒者	会計・税務の実務経験3年以上	日米の会計士、税理士、弁護士等の有資格者（試験合格のみの者を含む）
プログラム	※**会計監査プログラム・税務マネジメントプログラム**（各プログラムの内容は、研究科HPをご覧ください。）		
修了要件	50単位以上（修士論文は選択必修）	36単位以上（リサーチペーパーは選択必修）	30単位以上（リサーチペーパーは選択）
授与学位	**会計監査修士（専門職）または税務マネジメント修士（専門職）**		
開講時間	昼夜開講	昼夜開講（平日夜間・土曜日だけでの通学も可能）	
特徴	・企業法を除く会計士短答式試験科目免除に対応 ・修士論文の提出により税理士試験科目免除（会計1科目または税法2科目）に対応	・リサーチペーパーの提出により税理士試験科目免除（会計1科目または税法2科目）に対応 ・企業法を除く会計士短答式試験科目免除に対応	・会計専門職の学び直しに最適 ・事例研究による最新の実務のフォローアップ ・リサーチペーパーの作成による最新理論のフォローアップ
入学時期	2019年4月	2019年4月	2019年9月

※会計監査プログラムと税務マネジメントプログラムの両方を、一定の要件を満たすことができれば、通算3年で修了することが可能です。詳細は下記の入試説明会でご質問ください。

【入試日程】

入試日時	試験種別	対象コース（出願期間）	入試説明会
18年12月9日(日)	一般入試 キャリアアップ入試	標準2年制 キャリアアップコース1年半制 （11/15(木)～11/28(水)）	18年11月7日(水)19時 18年11月10日(土)13時
19年2月9日(土)	一般入試 キャリアアップ入試 外国人留学生入試	標準2年制 キャリアアップコース1年半制 （1/17(木)～1/30(水)）	19年1月9日(水)19時 19年1月12日(土)13時

特集 IV

第16回　青山学院　会計サミット
第一部　基調講演
第二部　パネル討論会

日時：2018年7月18日(水)14:05〜14:55　　15:15〜17:25
会場：青山学院大学　青山キャンパス　17号館6階　本多記念国際会議場
主催：青山学院大学大学院　会計プロフェッション研究センター

特集IVは、例年のとおり、2018年7月18日に開催された第16回青山学院「会計サミット」の模様を所収している。本年度の「会計サミット」では、第一部において、長年、国際会計基準の設定等に関わって来られた中央大学教授の山田辰己氏による基調講演、第二部においては、会計士業界、税理士業界、会計大学院、及び上場企業から迎えたパネリストによる会計人材育成をめぐるパネルディスカッションが行われた。

特集Ⅳ 第一部 基調講演

国際人材育成と教育について
－IFRSに関与した経験に基づいて－

【講演】山田 辰己（やまだ たつみ）
【略歴】現在、中央大学商学部 特任教授、公認会計士・監査審査会 委員。
慶應義塾大学商学部卒業。公認会計士。国際統合報告評議会（IIRC）アンバサダー及び国際評価基準審議会（IVSC）評議員。
1995年から2001年まで国際会計基準委員会（IASC）日本代表及び2001年から2011年まで国際会計基準審議会（IASB）初代理事。

　講演では、講演者のIASB理事などの国際的な経験から学んだ教訓について述べるとともに、産業界に大学でのIFRS教育に対する期待があるのか、また、会計士業界ではどんな国際人材が求められているのかについて述べています。さらに、大学におけるIFRS教育の重要性と問題点にも触れています。
　さらに、これまで国内の組織が国際的に活躍できる人材の育成に努めてきた現状を分析し、最後に、日本からIASBの日本人議長を出したいという講演者の夢が語られています。

1. はじめに――講演の趣旨

　本日は、「国際人材育成と教育について」というテーマについてお話をさせていただきます。
　私に今回の講演の依頼があったのは、私が商社に勤めていた時に英国ロンドンに駐在しており、その後国際会計基準審議会（IASB）の理事を務め、さらに大手監査法人で国際的な仕事を経験し、そして2015年から中央大学商学部で国際会計基準を教えるといういろいろな経験を経ていることが理由なのではないかと理解しています。
　そのため、これからお話しする国際人材育成とそのための教育に関する話はどうしても私の個人的経験に基づくものになってしまいますので、ご了解いただきたいと思います。
　本日は、次のような点についてお話しします。
　（a）講演者の職歴
　（b）国際的な経験から学んだこと
　（c）産業界が求めている国際的人材
　（d）会計業界で必要とされている人材
　（e）大学での教育の経験
　（f）関係者の国際人材育成のための努力
　（g）私の夢

2. 講演者の職歴

　講演者の職歴は、**別表**のとおりです。1987年～90年まで住友商事の金融子会社に出向してロンドンに駐在しました。ちょうど34歳のときだったのですが、その当時は英語がまったくできず、海外赴任を避けるために監査法人に転職しようかと考えたほどでした。相談した監査法人の先生の勧めもあり、ロンドンに駐在することにしました。今から振り返ってみると、このときに3年ほど駐在した経験がその後の人生を大きく変えたと思います。
　1993年に中央監査法人に転職しましたが、そこでは、理事長の通訳

としてCoopers & Lybrandのトップから構成されるグローバル会議に出席する機会が多々ありました。これを通じて、グローバル組織の国際戦略の策定プロセスや各国の利害の調整といったことがどのように行われるのかを経験しました。

また、1995年～2001年の間は、日本公認会計士協会がメンバーとなっていた国際会計基準委員会（IASC）の日本代表として、当時の国際会計基準（IAS）を設定するプロセスに参加する経験をしました。1995年当時IASCは、各IASに含まれている複数の会計処理の方法を1つに絞る作業とIAS第33号（1株当たり利益）からIAS第41号（農業）までの新しいIASの設定のための議論をしていました。それまで認められていた複数の会計処理を1つに絞る議論では、他の会計処理を排除するための論理性や概念フレームワークとの整合性について議論する経験をしました。

このほか、金融商品をすべて公正価値で測定するならば金融商品の会計基準はどのようなものとなるかを検討し、その姿を世界に示すことを目的に1999年から2001年の間活動した金融商品Joint Working Group（JWG）メンバーとして活動する機会も得ました。JWGは、米国財務会計基準審議会（FASB）、英国、ドイツ、カナダ、フランス、カナダ、オーストラリア、ニュージーランド及びノルディック連盟の会計基準設定主体の代表と日本（日本公認会計士協会の代表で企業会計審議会の代表ではない）及びIASCが参加しました。ここでは、公正価値で金融商

> 1976年～1993年：住友商事（1987年～90年までロンドン駐在）
> 1993年～2001年：中央（青山）監査法人（グローバル会議に随行）
> 1995年～2001年：国際会計基準委員会（IASC）日本代表
> 1999年～2001年：金融商品 Joint Working Group（JWG）メンバー
> 2001年～2011年：国際会計基準審議会（IASB）理事
> 2011年～2018年：あずさ監査法人パートナー
> 現在：中央大学商学部特任教授（2015年～）
> 現在：公認会計士・監査審査会委員（2016年4月～）
> 現在：JICPAで「IFRS勉強会」座長（2011年10月～）
> 現在：国際統合報告評議会（IIRC）Ambassador（2014年2月～）
> 現在：国際評価基準審議会（IVSC）評議員（2014年10月～）

品の測定を行う場合の問題点について各国の専門家と幅広く議論する機会に恵まれました。

その後、2001年にIASBの理事となり、2011年まで国際財務報告基準（IFRS）の設定に関与しました。2011年からはあずさ監査法人でIFRSを含む国際的業務に参加しました。また、2015年からは中央大学商学部で、国際会計に関する授業とゼミを持っています。そのほか、現在関与している国際的な活動には、国際統合報告評議会（IIRC）のAmbassadorや国際評価基準審議会（IVSC）の評議員といったものがあります。

3. 国際的な経験から学んだこと

1987年のロンドン駐在から現在に至るまで約30年間国際的な活動を経験してきましたが、これらから学んだいくつかのことを皆様と共有させていただきたいと思います。

（1） ヒアリングの重要性

英語を学ぶ際にライティング、ヒアリングそしてスピーキングのうちどれが大事かということが話題となることがありますが、私はヒアリングが一番重要だと信じています。会議で何かを主張できてもそれに対する質問が理解できずに議論ができなかった経験があります。相手の言っていることがわかれば、たどたどしい英語であっても的確に返答ができます。それによって、相手とかみ合った議論ができることが大変重要だと思います。

（2） 欧米人の理解できる論理展開による主張の必要性

海外の会議で主張するときには、欧米人が理解できる論理展開をする必要があると感じます。たとえば、英語は、主語の次に肯定的なのか否定的なのかが出て来ますので、話者の立ち位置がすぐわかります。ところが日本語では、肯定的なのかどうかは、文章の最後まで来ないとわかりません。まず賛成なのか反対なのかを明示しないで長く話していると、欧米人は興味を失ってしまいます。自分の主張を理解してもらうには、欧米人が理解しやすい形で簡潔に、しかも、インパクトのある形で主張を展開することが肝要だと感じ

ます。

(3) 立場を明確にした首尾一貫する主張が重要

議論では、できるだけ自分の立場を明確にすることが必要です。例えば、大半は賛成であるが、ある点だけは賛成できないといった形の表明は必須だと感じます。これによって、相手とのさらなる対話が可能となるからです。また、賛否どちらかを決めかねる場合には、なぜそうなのかを説明して今は決められないと表明することが重要です。相手に自分が持っている問題点をわかってもらうことがより深度のある対話のために必要です。このほか、自分の主張は論理的にも説明可能で首尾一貫していることが重要です。

(4) 議論されている事象の本質を理解し、論理的な議論を展開できることが重要

会議では、議論されている事象の本質を理解した発言をすることが重要です。人間は、いつも相手がどの程度の力量の人であるかを知らず知らずのうちに判断していると思います。この判断は、相手がどれだけ議論している事象の本質を理解しているかで決まると思います。重要なことは、英語を話せる能力ではなく、語る中身が議論の本質を捉えているかどうかだと思います。英語が話せなければ、通訳を付ければよいのです。本質をわかっていると判断されると、いろんな局面で意見を求められるようになると思います。どんなに英語を流ちょうに話す欧米人でも、物事の本質が理解できていなければ、そして、論理が一貫していなければ評価されません。

(5) 欧米人は、大枠を作る議論に長けており、日本人は、定まった枠組みの中での整合性に関する議論に長けている

私の経験では、新しい基準を作ろうとする際に、経験をもとに帰納的

に議論を展開して議論の大きな枠組みを作り出すことに欧米人は長けていると思います。一方、日本人は、いったん決まった枠組みの中での整合性を取る議論に長けているように思います。そのような自分自身の得手な部分で議論に貢献するようにすることが、存在感を出すためには重要だと思います。

(6) 意見の相違が人間関係に影響しないことも多い

海外の会議で意見の相違が表面化することがよくあります。日本では、意見の相違は人間関係にまで影響することがありますが、私が接した海外の多くの人は、育った環境が違えば意見が相違していて不思議はないと考えているように思います。意見の相違は、会議以外での人間関係にあまり影響しないように思います。

(7) インナーサークルに入らなければ、重要情報に近づけないし、組織を動かすこともできない

ある組織でその活動に貢献しようと思うなら、その組織のインナーサークルに入らなければなりません。その組織の重要情報に近づけませんし、本当の意味でどのように物事が決まったのか、また、そのプロセスで何が起こったのかを理解できないことになってしまいます。幸い、私は、IASCでもそのようなグループに参加する機会を得ました。IASBでは、2期10年理事を務めましたが、後半の5年はIASBの作業計画に関する議論を行う6名程度のボードメンバーの一人でした。特に、その当時同時進行していた多くのプロジェクトのうち、2011年に第一世代のボードメンバーが退任す

るまでにどのようなプロジェクトを完成させるかといった戦略的な議論は少人数で事前の検討が行われました。

(8) 幅広い人脈を持つことが重要

国際的に会計基準の設定に関わっている関係者は、500人程度でしょうか。それらの関係者と幅広い人間関係を持つことが重要です。私は、IASBの理事を退任して7年になりますが、理事当時から関係を持っている人がまだそれなりの数います。

また、現在IVSCの評議員をしています。評議員には、企業評価や不動産の評価といったこの専門分野の関係者もいますが、それ以外に、SECの元コミッショナーであったり、世銀や国際会計士連盟（IFAC）の関係者だったりしています。私にはそのような人脈はないですが、このように各専門分野で活躍している人物との人脈を持っていることは、国際的な活動を行うためには、大変重要だと感じます。

4. 産業界が求めている国際人材とは何か

2005年ころだったと思うのですが、オーストラリアの産業界の関係者とシドニーで会議をする機会がありました。当時オーストラリアは、IFRSを全企業に適用し始めたときでしたが、そこで、産業界からは、大学教育で学生にIFRSを適切に教育していないので、産業界側で教育をしなければならずコストがかかるという話をお聞きしました。産業界には、大学の高等教育の一環として、IFRSの基礎を理解している学生を育成してほしいという明確なニーズがあると感じました。

私は、現在の日本の産業界にこのような明確なニーズがあるのかを十分知りません。文系の学生の話だけかもしれませんが、日本の上場企業は、入社してから自社で学生を基礎から教育するという傾向があるようです。財務会計や国際会計を学んだといっても、そのような学生の知識にあまり期待をしていないように感じます。

私は、原則主義のIFRSでは、各IFRSの規定の改訂の歴史と趣旨を理解し、それに基づいて各企業が直面する問題を処理できる会計人材が必要だと感じています。そのような基礎的能力を持った学生に対するニーズは産業界にあると考えています。先ほども述べましたが、英語を理解し、英語で会話ができる会計人材に対する需要はあると思いますが、英語が話せるだけでは不十分で、物事に対する的確な認識とそれに基づいて判断できることが重要だと思います。IFRSについていえば、IASBがどのような原則に基づいて規定を作っているか、今問題となっているIFRSは、どのような事態に対して、どのような考え方に基づいて会計処理を規定しているのかという基礎的な理解が必要だと思います。このようなことを理解できる従業員を企業が一から教育しなければならないとしたら、やはり、それは産業界にとって負担となるものと思います。

5. 会計業界で必要とされている国際人材

次に、監査の現場ではどのような国際人材が求められているかについて簡単に触れてみたいと思います。日本の大手上場企業では、その活動がグローバル化し、それに伴って、多くの子会社、関連会社及びジョイントベンチャーが海外で設立されたりして、連結グループの監査、すなわち海外の子会社等の監査の品質の管理が重要になってきています。このようなグローバル化した監査業務をこなせる人材が求められています。

さらに、監査のプロセスで発生した会計問題にも対応できる人材が必要です。特に、海外の子会社などでは多くの場合IFRSで財務諸表が作成されているので、IFRSに関する知識は必須です。さらに、顧客である被監査会社が直面している会計上の論点をネットワーク・ファームのグローバルIFRS統括チームと議論ができる国際人材はまだまだ足りません。グローバル・チームに日本の慣行を説明し、そのうえで、IFRS上の取扱いについてきちんとした主張ができる人材が必要です。

先ほども申し上げましたが、IFRSでは、各IFRSの規定の改訂の歴史と趣旨を理解し、それに基づいて現場での対応ができる人材が必要です。また、監査法人では、大きく金融部門と非金融部門に分かれていて、金融部門の会計士はIFRS第9号（金融商品）やIFRS第17号（保険契約）については強い関心を持ってフォローしていますが、非金融部門の会計士はこれらについてはあまり知識を有していないことがあります。また逆に、IFRS第15号（顧客との契約から生じる収益）は、金融

部門の会計士はあまり重要に思わないかもしれません。しかし、IFRSを理解するには、IFRSのすべての規定についての知識を有している必要があります。

ちょっと特殊な例かもしれませんが、2017年5月に公表されたIFRS第17号では、保険会社が保険契約を締結することによって引き受けた将来の保険サービスの提供義務を保険負債として認識し、保険サービスを提供したとき（死亡保険の場合には死亡保険金を支払ったとき）に保険収益を認識するという原則で基準が作られています。現在の日本などの実務では、保険料を受け取ったときにその保険料を保険収益として表示する実務が一般的ですが、これとは大きく異なる保険収益の認識が求められています。このような考え方の変更は、IFRS第15号で採用された履行義務を充足したとき（すなわち、財またはサービスの支配を顧客に移転したとき）に収益を認識するという収益認識の原則を保険契約の収益認識に適用したために生じています。IFRS第15号の考え方によると、保険会社が保険料を受け取ることは、履行義務の充足には該当しない（むしろ、履行義務を引き受けたといえる）ので、その時点で受取保険料を収益として認識することは適切ではないということになります。

このようにIFRSでは、設定にあたって規定間の整合性を図ることが行われます。そのため、IFRSの各規定全体をきちんと理解している必要があります。バランスよく全体を理解する会計士を育てることが大変重要です。

6．大学などでの教育の経験

（1） IFRSに含まれているコアとなる原則を教えることの重要性

私は、大学で国際会計論とゼミを担当しています。中央大学には、会計士受験を目指す学生を対象とした経理研究所という組織があります。私はその活動には参加しておりませんが、私のゼミの学生の大半は、そこで勉強してすでに会計士の試験に合格した学生か会計士を目指して勉強中の学生です。彼らを教えていて感じるのですが、会計士の資格を取得済・取得志望の学生の多くは、ある会計事象に対する会計処理をどのようにするかについては答えられるのですが、では、なぜそのような会計処理となったのか、また、そのような会計処理にはどのような限界があるかなどについては、なかなか答えられません。会計処理をどのようにするかについては、いわば受験対策の一環として覚えているのだと思うのですが、なぜそのような会計処理でよいのかについては学んでいないのではないかと思います。

先ほども話の出た収益認識に関するIFRS第15号は、履行義務を充足した時点で収益を認識するということを原則とするIFRSですが、進行基準に関する規定は平易ではありません。第35項に規定があるのですが、そこでは、「履行義務が一定の期間にわたって充足される」契約はその充足につれて収益を認識するとしています。そのためには、3つの規準のいずれかを満たす必要があります。

1つ目の基準は、顧客が企業の履行によって提供される便益を、企業が履行するにつれて同時に受け取って消費する場合とされています（IFRS第15号第35項（a））。これは、輸送サービスなどに適用されます。東京からシンガポールまで荷物を運ぶ輸送サービスでは、シンガポールに日々荷物が近づくにつれてサービスが顧客に提供され、同時に消費されますので、進行基準が適用されます。

2つ目の規準は、企業の履行が、資産（例えば、仕掛品）を創出するか又は増価させ、顧客が当該資産の創出又は増価につれてそれを支配する場合とされています（IFRS第15号第35項（b））。例えば、顧客の土地の上に10階建てのビルを建設する場合、基礎工事を終了し、1階、2階と建設が進むにつれて顧客に建物の支配が移転するので（建物の所有権の移転ではない）、進行基準が適用されます。

3つ目の規準は、企業の履行が、企業が他に転用できる資産を創出せず、かつ、企業が現在までに完了した履行に対する支払を受ける強制可能な権利を有している場合とされています（IFRS第15号第35項（c））。例えば、造船業を行う企業が自社のドックで顧客のために3年をかけて船を建造する場合を想定しましょう。船は造船会社のドックにあるため、工事の進行とともに支配が顧客に移転するという考え方を適用するには無理があります。そこで、当該顧客しか使えない船（例えば、特別仕様の豪華客船で当該顧客以外がこれを利用しようとすると大掛かりな

改修工事が必要となる場合）であって、かつ、建造が途中で顧客の都合によって中止された場合には、その時点までにかかった費用と造船会社のマージンが回収できる場合であれば、工事の進行とともに支配が移転していると扱い、進行基準の適用を認めるという規準です。「当該顧客しか使えない」という要件があるため、汎用船のような当該顧客以外も大きな改修工事をすることなく使える船の建造には、進行基準は適用できません。このような基準設定の経緯を理解することによって、IFRS第15号第35項の規定の趣旨と限界を理解することができます。しかし、ある意味仕方のないことですが、このような経緯を十分理解している学生はほとんどいません。このようなコアとなる原則を大学教育で学生にどこまで理解させるかが重要だと考えています。

（2）　一般教養教育の重要性

公認会計士試験制度が改訂されて、受験資格がなくなったことに起因すると思うのですが、最近は在学中、特に大学1年生や2年生で、試験に合格する学生が増えています。このような学生は、例えば3年生のうちに就職先の監査法人を決め、さらに在学中から日本公認会計士協会の補修所に通っています。また、少しでも早く監査法人の業務になじみたいという学生側の希望と人手不足に悩む監査法人側の需要とがマッチしているのだと思うのですが、在学中から監査法人でパートタイムの仕事をする学生が増えています。経済的に収入が必要という場合を除き、私はパートタイムの仕事をすることを勧めていません。

在学中に公認会計士試験に合格するには本人の大変な努力が必要なのでそれ自体は褒めるに値することですが、合格するまで試験勉強に集中するあまり、この時期に大学で学ぶべき広い一般教養を学ぶ機会が失われるかもしれないことを危惧しています。J. S. ミル氏が英国のセント・アンドルーズ大学名誉学長に就任した1867年の講演録である「大学教育について」のなかで、彼は、一般教養教育の重要性を強調しています。彼は、大学は職業教育の場ではないとし、「専門職に就こうとする人々が大学から学び取るべきものは専門的知識そのものではなく、その他正しい利用法を指示し、専門分野の技術的知識に光を当てて正しい方向に導く一般教養の光明をもたらす類のものです。」＊と述べています。また、これに続けて、「確かに、人間は一般教養教育を受けなくても有能な弁護士となることはできますが、しかし、哲学的な弁護士、つまり、単に詳細な知識を頭に詰め込んで暗記するのではなく、物事の原理を追求し把握しようとする哲学的な弁護士となるためには、一般教養が必要となります。」とも述べています。私は、在学中に公認会計士試験に合格した学生に、このような一般教養教育をきちんと行うことが重要ではないかと感じています。

（3）　大学の研究者に求められる役割

会計に関する大学の研究者の研究は、米国では実証研究が主流で、海外で認められ業績を積み重ねるにはこの方面での研究が必要になっていると思います。ところが、大学でIFRS教育をするには、これと方向性が異なるIFRSそのものの研究が必要で、研究者の中でこの2つの要求が両立し得るのかがもう1つの課題ではないかと感じています。

7. 関係者の国際人材育成のための努力

これまで日本のいろいろな関係者が国際人材を育成するために各種の努力を積み重ねてきています。私はそれらの努力を高く評価しています。例えば、IASBに継続的に人材を派遣し、比較的若いときに基準設定の経験を積むことができるシステムが定着しています。IFRSがどのような環境下でどのような人たちによって設定されているかを実際に現場で体験できることは、国際人材の開発に大変重要なことだと考えています。

各ネットワーク・ファームにおいても、ロンドンの本部と提携して日本人をIFRSに関する規定の解釈などを行う部門に継続的に派遣していることは、国際人材の育成という観点から大変高く評価できます。このような経験をした人材には、その後も日本で知識のアップデートをしながら活躍できる機会が提供されることを期待しています。

また、IASB理事、IFRICメンバーを日本から出し続けていること

＊ここでの引用は、J. S. ミル著、竹内一誠訳「大学教育について」（岩波文庫）の14ページからである。

は、若い人たちに目標を示す意味で重要だと思います。

最後に、少々手前みそになるのですが、私が座長をしている日本公認会計士協会でのIFRS勉強会について簡単にお話しさせていただきたく思います。私がIASB理事を退任した直後の2011年10月から大手監査法人及び準大手の一部の監査法人からIFRSを専門に担当している方々をメンバーとして、IASBの毎月のアジェンダ・ペーパー（英文で300から500ページ）をすべて読み、議論をしています。IASB会議で用いられるアジェンダ・ペーパーの原文を読むことで、実際にどんな資料に基づいて議論がされているかをつぶさに理解することができます。また、扱う分野はIASBが議論するすべてを対象としていますので、メンバーに保険会社を担当している人はいませんが、保険会計の動向もフォローしています。このような試みをしているところは世界にはなく、IASBのハンス議長からも高く評価されており、IASBのスタッフ会議でその活動を話したこともあります。毎月オリジナル資料を読み込み、それぞれのテーマについて議論することによって、より深くIFRS設定の経緯を理解している人材を日本で育てたいと思っています。

8. 私の夢

最後になりました。私は、近い将来日本からIASB議長が出てほしいと希望しています。先ほどお話しし たIFRS勉強会もその一環として考えています。日本でのIFRSに対する考え方も理解したうえで、世界各国の主張も勘案しながら、さらなるグローバル基準の発展のために日本人が貢献できたらいいなと思っています。

最後に、もう1つだけ申し上げます。私は、最新の情報を入手し、それを多様な利害関係者と共有することがとても重要だと考えています。よく情報を囲い込んだりする話を聞くことがありますが、それは間違いだと感じています。情報を共有することは価値観を共有することにつながります。必ずしも相手に同意してもらう必要はなく、反対であっても構わないのですが、最新の情報を基に議論ができる状況を作り出すことは、国際的な戦略を構築する上でも重要だと考えています。国際人材の育成とともに内外の最新情報を的確に共有できる仕組みの構築も相互理解・信頼関係の構築のために重要だと信じております。

本日は、ご清聴ありがとうございました。

特集IV

第二部　パネル討論会

わが国における会計人材の養成と高等教育の在り方

【パネリスト（報告順）】（以下、敬称略）

近藤雅人（日本税理士会連合会　常務理事、広報部長）

高濱　滋（日本公認会計士協会　副会長）

蓮尾　聡（マネックスグループ株式会社　執行役、CFO）

山地範明（関西学院大学大学院経営戦略研究科　教授、会計大学院協会　副理事長）

山田辰己（中央大学商学部　特任教授、公認会計士・監査審査会　委員）

【コーディネータ】

町田祥弘（青山学院大学大学院会計プロフェッション研究科　教授）

1. はじめに

町田　青山学院大学の町田です。どうぞよろしくお願いいたします。

本日の「会計サミット」の統一テーマは、「わが国における会計人材の養成と高等教育の在り方」ということで、このパネル討論会では4名の先生方にご参加いただき、かつ、第一部で基調講演をしていただきました山田先生にもご参加いただきます。

パネル討論会に際して、私たちが準備した質問事項は、一つ目が「わが国の会計人材の養成の現状に関して、どのように捉えているか。もし課題があるとすれば、最大の課題は何か。」。

二つ目が「それぞれの立場で」、例えば近藤先生であれば日本税理士会連合会の立場で、「会計人材の養成又は活用に関して、いかなる取組みを行ってきているか。」。

そして三つ目は、ここは青山学院の会計サミットですので、「会計人材の養成という観点で、大学及び大学院等の高等教育機関に対する期待はあるか。あるとすれば、それは具体的にはどのようなものか。」というものです。

これらの点について、各パネリストの方々に、ごくごく簡単に報告要旨をまとめていただいております。本パネル討論会では、初めに各パネ

特集Ⅳ 第16回 青山学院 会計サミット

目次
1. はじめに
2. 各パネリストからの報告
   2.1 近藤雅人氏の報告
   2.2 高濱 滋氏の報告
   2.3 蓮尾 聡氏の報告
   2.4 山地範明氏の報告
3. パネル討論会
   3.1 わが国の会計人材の養成の現状に関して、どのように捉えているか。もし課題があるとすれば最大の課題は何か。
   3.2 それぞれの立場で、会計人材の養成又は活用に関して、いかなる取組みを行っているか。
   3.3 会計人材の養成という観点で、大学及び大学院等の高等教育機関に対する期待はあるか。あるとすれば、それは具体的にはどのようなものか。
4. おわりに

（所属肩書は会計サミット当日）

リストの方々から、「報告要旨」の一部又は全部に関して、それぞれお話をいただき、その後、討論を進めていきたいと思います。パネリストの先生方をご紹介しながら進めてまいります。

2. 各パネリストからの報告

町田 まず、お一人目ですが、日本税理士会連合会常務理事・広報部長の近藤雅人先生にお越しいただいております。

実は、青山学院の会計サミットに日本税理士会連合会の方をお招きするのは初めてのことで、これまで、税理士の方に来ていただいたことはありますが、日本税理士会連合会を代表してお越しいただいたのは初めてということで、われわれとしても光栄に感じております。では、近藤先生、お願いいたします。

2.1 近藤雅人氏の報告

近藤 皆さん、こんにちは。ただいまご紹介いただきました日本税理士会連合会の広報部長をしております近藤です。

今日は大阪からまいりました。大阪は38度を超えておりまして、品川駅に降りたときに、東京の方は暑いとお話しされていましたが、上着を着たまま駅を歩けましたので、3度低いと体が楽だというのがよくわかりました。大阪は、とてもじゃないですが歩けない、そのようななかでまいりました。

それから、会計士の先生方が多いなかで税理士会をお招きいただいたことに感謝申し上げるとともに、これからの話が一人だけ浮いていくのではないかと懸念しておりますが、税理士会が今考えております特に若年層に向けた広報、受験者数の激減に対応する広報についてお話ができればと考えております。

「報告要旨」を見ていただきますと、税理士試験の受験者数は平成24年度からずっと減少傾向にありまして、平成29年度も32,974人と、毎年3,000人ずつ、約1割ずつ減っ

町田 祥弘（まちだ よしひろ）
青山学院大学大学院会計プロフェッション研究科教授。
博士（商学）（早稲田大学）。
日本監査研究学会監事、日本内部統制研究学会理事、日本ディスクロージャー研究学会常任理事。企業会計審議会監査部会臨時委員。
主な著書に、『会計プロフェッションと内部統制』（税務経理協会、2004年）、『会計士監査制度の再構築』（中央経済社、2012年）、『内部統制の法的責任に関する研究』（日本公認会計士協会、2013年）、『公認会計士の将来像』（同文舘出版、2015年）、『監査の品質—日本の現状と新たな規制—』（中央経済社、2018年）等がある。

ているのが現状です。

　一つの原因は、税理士試験が難しすぎるという意見が上がっております。これはどういうことかといいますと、内容も難しいのですが、受験資格が公認会計士のような受験資格ではなく、例えば大学の1・2回生は受験ができないようになっています。一般教養科目の経済学もしくは法律学を履修したうえで3回生にならないと受験資格がない、これが非常にネックになっておりまして、どちらを選ぶかといわれると、やはり早く受験できるほうにいきたい方が多いのだと実感をしております。ここが一つです。

　それから、一般の方が受験をしようとすると、日商の簿記1級を受けなければならないことになっています。見ていただいたらわかりますが、日商の簿記1級は、ここ数年でまた相当難しくなっております。合格率は税理士の簿記論よりもはるかに低いのではないでしょうか。これを受け、ようやく税理士の試験を受けられるというこの制度自体がどうかという問題が残っています。

　その二つをまずクリアしたうえで、早くとも大学の3回生からしか受験ができないとすると、大学にいる間に5科目全部に合格するのは難しい、このなかでどちらを選択するかというと、やはり公認会計士に流れて、言いにくいことを言いますが、公認会計士の資格を取って税理士のお仕事をされる先生方が増えているのも現状だと認識をしております。

　仕事の違い等については、このあとまたいろいろ質問があったりすると思っております。もちろん今日は会計の話ですが、私は、税理士は会計の専門家でもありますが、もう一面の顔は法律の専門家だと思っています。国とは別の独立した公正な立場で税法の解釈をできるのは、われわれ税理士だけだと思っております。よく弁護士さんとも比較されますが、弁護士さんがおられたら申しわけないですが、税法の分野を真剣にされる方はあまり多くないのが現状だと、私は思います。

　私も昨年度までは日本税理士会連合会の調査研究部におりましたが、ここは何をするかといいますと、国税庁あるいは主税局とあるべき税制の姿についての建議をします。意見交換をします。こういうことができるのは税理士だけです。AIがあってなんとかかんとかいいますが、日本が法治国家であって、税金という制度がなくならない限り税理士がなくなることは絶対にありません。そうすると、その税理士を目指す若い人が減ることはわが国にとっての損失です。そのあたりを、今日ここでお話ができればと考えています。

　提案事項を一つ申し上げますと、先ほど簿記1級の話をしましたが、今、商業高校といわれるものが極端に減っています。学生さんがおられたら、簿記をどこで習ったか考えていただきたいと思います。大学に入ってから簿記を、あるいは会計士・税理士になろうと思った人は簿記を学びますが、昔はそうではなく、商業高校へ行かれた方は自然と簿記の勉強をされました。そこから税理士になろう、会計士になろう、簿記はおもしろいということでなられた方がわれわれの先輩にもたくさんおられます。

　今、こういうところが門を閉ざしていまして、大学の、それも経済学・経営学・商学部に行かないと簿記論をみません。青山学院大学の法学部に簿記の授業があるかどうかわかりませんが、私は同志社大学で教鞭を執っていますが、法学部で簿記を知っている学生がいるかというと、ほとんどいないのが現状でして、このあたりの簿記に対する取組みの遅さが今の会計人の少なさにつながっているのではないかと考えております。

　あとはまた、質問にお答えするかたちで回答させていただきたいと思います。

町田　ありがとうございました。ご報告の内容あるいはご主張の内容については後ほどということで、順次ご紹介を進めながらお話を伺っていきたいと思います。

近藤　雅人（こんどう　まさと）
日本税理士会連合会常務理事、広報部長。
1985年 立命館大学産業社会学部卒業、滋賀県警察職員（主に刑事課）（1985～1993年）、1999年 税理士登録・開業、2013年7月～2017年6月 日本税理士会連合会理事・調査研究部副部長、近畿税理士会常務理事・調査研究部長。
現在、日本税理士会連合会常務理事・広報部長、近畿税理士会常務理事・広報部長、同志社大学法学研究科非常勤講師。
最近の著書等：『判決・裁決に学ぶ税務通達の読み方』（共著／清文社）、『個人事業者のための必要経費判定事典（改訂版）』（共著／ぎょうせい）、『財産債務調書作成ガイドブック』（共著／清文社）、『非上場会社の納税猶予の適用ポイント』（共著／ぎょうせい）の他に、税法学等に論文多数掲載。

特集Ⅳ　第16回　青山学院　会計サミット

お二人目は、日本公認会計士協会副会長の高濱 滋先生です。近藤先生には税理士会の立場でお話をいただいたのですが、高濱先生には公認会計士あるいは日本公認会計士協会の立場として、先ほど挙げた3点の論点をお尋ねしています。

では、高濱先生、お願いいたします。

2.2　高濱 滋氏の報告

高濱　ただいまご紹介いただきました日本公認会計士協会副会長の高濱でございます。よろしくお願いいたします。

近藤さんが熱く税理士を語られた後、たまたまなのか隣に座らせていただいて、われわれの業界のことをお話しするのはあまりよろしくないかなと思ったので、少し雰囲気を変えて、なぜ隣に座っているかと考えたときに、私も大阪出身でございまして、家族は大阪におります。

ただ、今はほとんど東京で仕事をしておりまして、本人は「江戸っ子風の関西人」と呼んでいますが、周りから見たらただの関西人のおっさんなので、ご登壇の主に関東で活躍されている先生方の取り持ち役ということでお話をさせていただきたいと思っています。残念ながら、山地先生でまた関西に戻ってくるので、関西人の多いパネルになっているのではないかと思っています。

そのようななか、業際の話をしても仕方がないのでそこは置いておきまして、冒頭、私も会計人材について少しお話をさせていただきたいと思います。

「会計人材」という言葉はすごく広くて、非常に難しい言葉だろうと思っています。今日の議題は大学院にいらっしゃる方が中心ということなので、最終的には高度な会計人材をどのようにつくっていくかという議論になろうかと思っています。

ただ、そのなかで、近藤さんもお話しされていましたように、一番ネックになっていくのは、会計人材の基礎をつくっている簿記であったりとか、いわゆる決算書をどのようにつくるか、あるいは申告書をどのように書くかという、けっこう原始的というか緻密な作業がベースにあることが、実は最終的に高度な会計人材をつくっていくネックになっているのではないかと思います。

近藤さんと同じですが、入口に簿記が存在していることは、学生さんにとってはけっこうハードルになっている部分があるのではないかと思っています。実は、やってみるとそれほど大した話ではなく、もしくは今後数字を読んでいくためのベースになる理屈を、特に複式簿記は非常にうまく説明できているのではないかと思っています。

残念ながら、ここに対するとっつきにくさが会計人材を広げていくなかで一つのネックになっているのではないかと思っています。

その簿記をベースにした高度な会計人材をつくっていくなかではどのような問題があるのかという主題に戻らせていただきますけれども、そこには、一つの具体的なわかりやすいかたちとして、国家資格を取るということがあるのではないかと考えています。われわれ公認会計士協会に参加いただく公認会計士という国家資格もその一つとなっているという理解をしています。

そこを目指される受験者の方々の推移ですけれども、「報告要旨」に書かせていただいていますように、ここ数年、われわれの業界も門戸をたたく方々が非常に減ってきたわけですけれども、今ちょうど底を打ったところです。ただ、V字回復をするかどうかはこれからですけれども、そのような時代にきていると考えていて、今、受験者を増やすこと自体が公認会計士協会としては非常に重要なタスクになっています。

この話は、今日ご登壇のほかの皆様方と一緒に考えていきたいと思いますが、試験を受ける前には当然大学教育があり、大学教育の前にはおそらく、会計にいかになじむか、あるいはスタートとしてタッチをするかという議論があるのだろうと思っています。

そういった裾野を広げていく話につきましては、われわれ協会としては社会貢献という位置づけに置いていますけれども、小学生とか中学生

高濱 滋（たかはま　しげる）

日本公認会計士協会副会長。
1987年国立大学法人神戸大学経営学部卒業。
1990年3月 公認会計士開業登録 （第10168号）。
1986年10月 青山監査法人（中央青山監査法人）入所、1999年7月 社員就任、2005年5月 代表社員就任、2006年8月 中央青山監査法人退職、2006年9月 あらた監査法人 （現 PwCあらた有限責任監査法人）代表社員（現パートナー）就任（現任）、2010年7月 大阪事務所長（現任）、2013年7月 日本公認会計士協会副会長（現任）。

の方々に、「ハロー！会計」といった名前で日本の正式な教育制度のなかには入っていない会計学の普及をさせていただき、そこから、「会計はこんなものだった」「簿記はこんなものだった」という方々がわれわれの業界あるいは会計人材を目指していただくことになれば、というようなことをさせていただいています。

　ここまでは今日の本題ではなく、会計人材についての整理ということでベーシックなことをお話しさせていただきましたが、ここからは、今日の私の「報告要旨」の中身の高度な会計人材についてどういう問題があるかを考えてみたいと思います。

　レジュメの最初にも書いてありますけれども、会計、簿記、決算書が読めるレベルかというのは、それほど難しい話ではないだろうと思っています。加えて、今までのように世の中の変化があまりない時代においては、昔習ったことをそのまま復習していけばそれでいいという世界で生きてこられたのが現状であったと思いますけれども、まさに今、世の中が変わろうとしていると思います。言葉で言うと「AI」「IT」であったり、具体的な事象でいくと、例えば仮想通貨をどのように会計記録に残していくのか、それをどのように監査するのかというようなことを考えていく場合に、それを体系的に教育しているところが今はないような印象をもっています。

　では、これをどこでできるのかというと非常に難しい問題で、今実務に携わっているわれわれ現役世代は、世の中にあふれている書籍であったり、それぞれの専門家からこれを聞きながらやっていますけれども、そのときに何が必要かというと、ここは実は会計の話ではなくなっていくと思います。すなわち、世の中で起こっている社会現象が最終的に簿記あるいは会計にどのように落ちていくのかを自分の頭で考えないといけない状況が現在起こっています。

　残念ながら、教育制度のなかでそこがフォローされていない現状から、今は個人の力によっている状況になっていて、われわれの業界の中を見渡しても、それぞれの人材ごとに非常にレベルに差が出てきている、もっと悪い言葉で言うと、ついていける人とついていけない人がより顕著になっていく時代になっているのではないかと思っています。しかしながら、これらについても、今日ご登壇の方々とご一緒に考えながら、おそらく克服できていくものであろうと考えています。

　「報告要旨」に書かせていただいたその他の内容につきましては、後ほどまたご質問を受けながらご回答ができればと思います。

町田　ありがとうございます。

　ここまでは、税理士会と会計士協会のお立場でしたが、3番目の方は上場企業の立場ということで、マネックスグループ株式会社の蓮尾　聡様をお招きしております。

　なぜこの方なのかですが、実は裏話がありまして、2016年に、国際会計研究学会と世界で一番大きな会計関連の学会であるアメリカ会計学会とでコラボレーションをしまして、ニューヨークで開催されたアメリカ会計学会においてジャパンセッションを開きました。ちょうどアメリカ会計学会が100周年ということで、EUと日本だけがセッションを開催させてもらったのです。そのときに、本日ご講演をいただいた山田辰己先生にも現地でパネルに関わっていただいたのですけれども、日本の企業からもどなたかに行ってもらって、日本企業における国際会計の取組みについて話してもらいたいということで、関係者を通じて打診しましたところ、マネックスグループがアメリカに事業拠点をもっている会社だということもあって、蓮尾さんにニューヨークに出張していただきまして、ジャパンセッションに登壇していただきました。

　そして今回、山田先生がご登壇ということもあって、ぜひ蓮尾さんにお願いしたいということでご登壇いただくことになりました。後ほどまたご紹介しますけれども、マネックスグループには公認会計士や税理士の方、あるいは弁護士の方も在籍していらっしゃるということで、そういった人材活用の観点からもお話しいただきたいと思っております。

　マネックスグループ株式会社執行役・CFOの蓮尾様です。よろしくお願いいたします。

2.3　蓮尾　聡氏の報告

蓮尾　こんにちは。マネックスグループのCFOの蓮尾と申します。本日はお招きいただきまして、ありがとうございます。

　今、町田先生から裏話も含めてご紹介いただいたとおりでございまして、私はこちらにいらっしゃる立派な先生方とは住んでいる世界が違う

特集Ⅳ　第16回　青山学院　会計サミット

といいますか、実業の世界でいろいろ感じていること思っていることを少しでも皆さんと共有させてもらえれば、また、会場にいらっしゃる学生の方にも今後を考えるうえで参考にしてもらえたらいいのではないかという気持ちで、今回参加させていただきました。

私は、経歴をご覧になっていただいておわかりのとおり、このテーマとは遠く離れたキャリアを歩んでおりまして、会計に関連する仕事をするようになったのはここ7〜8年でございます。そういったなかで、先ほどのアメリカの会計学会へのパネリストとしての参加ですとか、それ以外に会社のなかでの経理の仕事ですとか、あわせてもちろん英語ですとか、いろいろな意味で、おそらくこれからの会計人材の方が皆さん通っていくであろう道を比較的短い間に経験をさせていただいております。

現在は、どちらかというと会計の専門家の方をマネジメントする立場におりまして、そういう立場からみて今どう感じているかをお話しさせていただきたいと思います。

まず、テーマとして挙げられている、会計人材が足りていないのではないかということについてはご指摘のとおりでございまして、特に当社のような規模の会社でありますと、おそらく専門の会計人材を自前で育てるのは非常に難しい環境にあると思っております。

全体の理解のために、まず、私どもマネックスグループについて簡単にご紹介させていただきますと、マネックスグループは、ご存じの方も

いらっしゃると思いますが、基本的なビジネスの基盤といたしましてはオンライン証券をやっております。日本では今、大手が5社ほどございますが、そのなかの1社でございます。

会社自体が設立されましたのが1999年、今から約20年ほど前で、昨今でいうとそれほど新しくはないですが、いわゆる重厚長大な会社から比べますと社歴は比較的短く、まだベンチャーの気質もあるような会社でございます。

「マネックス」という会社の名前ですけれども、もともと「MONEY」の「Y」を一歩前に進めて「MONEX」ということで、少しでも前のめりでいこうというような会社でございます。創業したのは松本 大という元ゴールドマン・サックスのパートナーですけれども、この名前には彼のそういうスピリットが非常に表れておりまして、日本の資本市場を民主化したい、それまでよりも個人の方がよりアクセスしやすい環境をつくりたい、ということで始めておりまして、いろいろなサービスを含めて、人よりも先に行こうという意識が非常に強い会社でございます。

それから、これは日本のオンライン証券では当社だけですけれども、海外に広く展開をしておりまして、2010年に香港の会社を買収し、2011年にはアメリカのトレードステーションという、これもオンライン証券の会社ですけれども、こちらを買収しています。こういう買収があったので、町田先生から先ほどの学会にお招きいただいたという経緯もございます。

会計に関しましても、2013年の3月期からIFRSの任意適用を行っておりまして、当時は証券業の中ではほかにやっている会社はほとんどありませんでした。現在ですとIFRSの適用等決定会社は200社弱くらいございますけれども、当時ですとまだ30社くらいしかなかったような環境で、そういうなかでも先行してやろうということでございました。

実は、経営者の松本はかなりマルチな人間で、おそらく今でも史上最年少のゴールドマンのパートナーの記録をもっていまして、33か34ぐらいでパートナーになっていますが、そういうなかでも、唯一会計だけが苦手だと言っていまして、そこにすごく苦手意識はあるけれども、IFRSはいくぞという気持ちがあって、これはアメリカの会計学会でも話しましたが、結局、海外と同じフィールドで戦うかたちができて

蓮尾 聡（はすお さとし）

マネックスグループ株式会社執行役、CFO。
1993年東京大学法学部卒業、日本長期信用銀行（現 新生銀行）入社。1998年からUBS証券、2004年から三菱証券（現 三菱UFJモルガン・スタンレー証券株式会社）で債券・デリバティブ業務に従事した後、2005年マネックス・ビーンズ・ホールディングス株式会社（現 マネックスグループ株式会社）入社。マネックス証券株式会社において、商品組成、マーケティング等の部門を担当後、2010年10月にマネックスグループ株式会社執行役員経営管理部長に就き、日本、海外のグループ関連会社の経営管理、決算関連業務、IR等を担当。2015年6月常務執行役員 Co-CFO 経営管理部長、2016年4月執行役 共同CFOを経て、2017年10月より現職。

いないと企業としては成長できないという思いが強くございます。そういったこともあって、われわれ当事者からみても無謀ではないかという気もしましたが、当時2011年3月期ですが、このくらいの時期にいくぞと決めて踏み切って始めたのがIFRSでございます。

そういうなかで、私自身は会計の部門を預かる責任者でございますが、そうするといよいよやることがどんどん増えてきて、IFRSだ、海外だ、海外の会社を買収すると決まって出てくるのがのれんの話で、これは非常に負荷が高くて、既存のスタッフだけではなかなかできない状況に追い込まれまして、公認会計士の方を外部から採用して、現状ですと4名の会計士の方が当社で活躍をいただいております。そういった方の力なしには、われわれはなかなかここまでこられなかったと思っております。

では、これから世の中でそういう専門的な人材をどのようにつくっていったらいいのかという点ですが、言葉を選ばずにいうと、例えば山田先生がいらっしゃったような大手の商社とか会社であれば余裕もあるので、社内で人材を育ててやっていくようなことがこれまで機能したと思いますが、当社のような会社ですとなかなかそうもいかないので、それを補うような仕組みが世の中にあったらいいというのがわれわれの希望であり、要望でもあります。

ですので、大学とか大学院で会計の知識を身につけていただいた方が社会に出ていただくことは、当然ですけれども企業からすると非常にありがたいことでありまして、そういう制度なり仕組みができるのであれば、ぜひそうしていただきたいと思います。

ただ、残念ながら、今の時点ではそういったものがなかなかないという前提に立って、結果的に公認会計士の資格をもった方を採用しているので、公認会計士は、今のところ必要条件ではありますが、必ずしも十分条件ではないということで、先ほど山田先生がおっしゃったような、大学で何を学ぶのかという意味でのリベラルアーツをしっかり身につけるべきだという意見には、私は賛成でございます。

少し長くなりましたが、そういった観点で、まず、社会においてどのように基礎的な力のある人を輩出する仕組みをつくるのか、それから、社会の側でいうと、当社も含めて、当然ながら競争は日本だけではなく、世界になると思っております。それが理由でのIFRSでもありますし、競争は世界ですし、今、世の中は非常に速いスピードで変わっております。

当社も、今年の4月にコインチェック社を子会社化いたしまして、証券業から仮想通貨交換業というまた新しい世界に入っていくことを決断しております。そうすると、それに合わせて、特に仮想通貨は会計の世界が追いついていない部分もあるので、いろいろ考えていかなければいけないということで、おそらく、学生の方からみると昔よりもいろいろな選択肢がある時代になっているだろうし、そういったことも踏まえたうえで、今後どういう世の中の設計をしていくのか、そういったことを皆さんと議論できればいいと思っております。

町田 ありがとうございます。一通りマネックスグループのご紹介をいただきまして、本当は学部の学生がいたらもっとよかったのですけれども、今話題のコインチェックの話も「報告要旨」に挙げていただいていますので、また後ほどお話を伺えるかもしれません。

4番目の方は、関西学院大学大学院経営戦略研究科の山地範明先生です。実は、当研究科の小西範幸研究科長が2018年5月に会計大学院協会の理事長に就任されまして、山地先生は、小西先生の下で会計大学院協会の副理事長を務めておられるということで、きょうは、会計大学院、あるいは高等教育機関での教育者という立場からお話しいただきたいと考えております。山地先生、お願いいたします。

2.4　山地範明氏の報告

山地 ただいまご紹介いただきました関西学院大学大学院アカウンティングスクールの山地と申します。

今、会計大学院協会の副理事長というご紹介がありましたけれども、今日申し上げることは私の個人的な見解です。小西理事長がいらっしゃいますが、私は、副理事長の立場ではなく、個人的な見解で述べさせていただきたいと思います。

まず、①の職業会計人の養成にあたっての現状と課題ですが、一番大きな問題は、公認会計士だけではないですけれども、アカウンティングスクールは当初から主として公認会計士の養成をやっておりますが、

特集Ⅳ　第16回　青山学院　会計サミット

アカウンティングスクールができた2005年あたりに公認会計士法の改正があって、受験資格が撤廃されました。最初に近藤先生から、大学3年生にならないと税理士試験が受けられないというお話がありましたが、公認会計士も以前は大学3年生でないと試験を受けられなかったと思います。私は個人的には以前の制度のほうがよかったと思っております。

それはなぜかというと、「報告要旨」に書いていますように、例えばアメリカでは、公認会計士試験の受験資格として、会計関連科目を150単位取らないと受験ができない仕組みになっております。通常は学部だけで150単位は取れないので、大学院などに行って150単位取ってから試験を受けられるような制度になっています。これに対して、日本では今は誰でも受けられるようになって、逆に税理士試験のほうが受験資格としてはいいのではないか、公認会計士試験の受験資格は少しおかしいので元に戻ってほしいと個人的には思っております。まずそれが大きな問題としてあるのではないかと、私は思っています。

IFRS（国際会計基準）は皆さんご存じだと思いますが、「報告要旨」に書きましたIESは、たぶんほとんどの人がご存じでないと思います。IESは、ここには書いてないですけれども、"International Education Standards for Professional Accountants"の略で、「職業会計人のための国際教育基準」です。"Professional Accountants"とありますが、これは公認会計士だけではなく、税理士とか、企業とか自治体などに勤める会計を職業にしている方も含めていますけれども、その教育基準がIESになっています。

職業会計人を養成するための国際的な基準ですけれども、これを満たしているのはアカウンティングスクールだけだと思います。公認会計士の試験を受けるために資格専門学校があると思いますけれども、私は、そこでの教育を否定しているわけではなく、IESが要求している基準を満たしているのはアカウンティングスクールだけだと考えております。

ですから、夢のある話と言いましたけれども、青山学院のアカウンティングスクールに所属の方がいらっしゃると思いますが、国際的に認められた教育を受けて皆さん方は将来仕事に就くということで、自信をもって世界に羽ばたいてもらいたいと思っております。

要するに、今の学生は、私どもの学生もそうですけれども、試験のための勉強しかしません。だから、試験に出ない勉強はあまりやりません。資格専門学校はたぶん、試験に出る最短の授業をやっていると思いますので、最短で公認会計士の試験に合格しようと思ったら、やはり受験専門学校に行かれたほうが最短でいけるかもしれません。しかし、そこでは試験勉強しかやっていないので、試験に出ないような、例えばIESが要求している基準は当然満たしていないわけです。

アカウンティングスクールでは、今申し上げましたように、試験に出る科目もありますし、試験に出ない科目もあります。例えば会計倫理とかIT（技術情報）、それからIESが要求しているのは会計とか監査だけではなく、法律とか経済学、経営学、統計学、いわゆる会計を取り巻く隣接諸科学といいますか、そういうところまできちんとやりなさいといっています。

そういう勉強をして何が見えてくるかというと、当然、高度な専門能力が身につきますが、それプラスアルファでどういう力が身につくかというと、倫理観とか、国際性とか、自分自身で分析し判断して問題が解決できるような能力を身につけることをIESは求めています。今、アカウンティングスクールは12校ありますが、アカウンティングスクールではそういう教育をどこでもやっております。

それぞれのアカウンティングスクールには個性がありまして、若干違いますが、基本的なカリキュラムは同じになっています。②になりま

山地　範明（やまじ　のりあき）

関西学院大学大学院経営戦略研究科教授、会計大学院協会副理事長。
1990年3月関西学院大学大学院博士課程後期課程単位取得、京都産業大学経営学部教授を経て、2005年4月より現職。
1997年～1998年、2011年～2012年英国ウォリック大学ウォリック・ビジネス・スクール客員研究員。
2002年3月博士（商学・関西学院大学）。
学会等における活動：公認会計士試験委員（2006年～2009年）、日本会計研究学会評議員（2015年9月～現在）、国際会計研究学会理事（2017年9月～現在）。
主要著書：『連結会計の生成と発展（増補改訂版）』（中央経済社、2000年）、『会計制度（五訂版）』（同文舘出版、2011年）、『エッセンシャル連結会計』（中央経済社、2017年）。

すが、2009年2月21日に「成果報告書」を取りまとめて、会計大学院におけるコアカリキュラムを定めております。これに基づいた教育を各アカウンティングスクールは行っております。

それから、アカウンティングスクールは、5年に一度、認証評価を受けないといけないので、ここからあまり離れたことはできない仕組みになっておりまして、ほぼ同じ質の授業をどこのアカウンティングスクールに行っても受けられるのが現状になっております。あとのディスカッションで出てくるかと思いますが、それぞれのアカウンティングスクールには個性がありますので、若干の違いはあるかと思います。

それから最後の③ですが、職業会計人を養成するアカウンティングスクールに対する期待です。これはあとのディスカッションでも出てくるかもしれませんが、アカウンティングスクールの生き残りとしてどういうことがあるのかですが、当初は、職業会計人といいましても、各アカウンティングスクールは公認会計士試験の合格を第1目標に目指していたと思いますが、最近は、税理士とか、あるいは先ほど言いましたように企業とか自治体で働く会計の専門家を養成するということで、少し幅が広くなっていまして、ターゲットが広くなってきていると思います。

もう一つはリカレントです。これは文科省などでもいわれている学び直しで、例えば公認会計士の論文式試験を合格したあと、修了考査を経て会計士登録をするまでに実務補習などがありますけれども、そこでの「課題研究」という講義をアカウンティングスクールの教員が一部担当しています。

それから、CPE（経済的専門研修制度）はまだアカウンティングスクールの教員は担当していないですが、将来的にはCPEとか、実務補習の課題研究以外の科目も提供できるように、アカウンティングスクールはそういう協力も模索しているところで、アカウンティングスクールのこれからの生き残りはそういうところにあるのではないかと思っております。

以上、ポイントだけ説明させていただきました。

町田 ありがとうございました。

3. パネル討論会

町田 これから、各論点ごとに順次討論に入ってまいりたいと思いますが、その前に、先ほど蓮尾さんも少し触れておられましたけれども、第一部の山田先生の基調講演に関して、最初に確かめておこうと思ったことがありました。

それは何かというと、山田先生から、大学あるいは大学院もそうかもしれませんが、IFRSをきちんと教えなさいというお話が前段でありまして、後段ではジョン・スチュアート・ミルまで引用されてリベラルアーツだと言われました。

山田先生、どちらなのか、まずそのへんをはっきりさせたいのですけれども、いかがでしょうか。

山田 私は、大学教育はリベラルアーツを中心にすべきだと思っています。ただ、そうすると、私は今もIFRSを教えていますけれども、私が失業してしまうという問題があって・・・、別にジョン・スチュアート・ミルがどうのということはないですが、たぶん時代の要請がだいぶ変わってきているのではないかと思います。

私が取り上げた理由は、今、私の周りでは受験勉強のテクニックないしは受かるためのテクニックの部分にあまりにも重きが置かれすぎていて、試験は、先ほどどなたかがおっしゃられたように最短で受かればいいので、いずれにせよ受からないことには始まらないという側面がどうしてもあるので、それを中心に据えていくと、受かるためにどうするかということになってしまいます。

ただ、それは大学でやる教育ではないのではないか、大学でやる教育は、IFRS一つとっても、受験科目にはないですが、受験のためのIFRSではなく、問題解決ができるようになるための一つの基礎教育ではないか、そのためには幅広くIFRSを学ぶ部分が出てくるべきではないか、という意味です。

したがって、お答えは、大学は基本的にいろいろな面での素養を広く教育するところだと思っています。ただ、世の中で今、IFRSとか会計というある種の技能についての教育

山田 辰己（やまだ たつみ）
現在、中央大学商学部 特任教授、公認会計士・監査審査会 委員。
基調講演の略歴を参照してください。

が求められていて、商学部はそういう役割を果たしているわけですが、そういうなかで、もう少し広い視野をもった学生を育成することが必要ではないか、という趣旨で申し上げたつもりです。

町田 この点は、同じ大学人として山地先生にも伺っておきたいのですが、実は、日本でいっているリベラルアーツと海外のリベラルアーツはレベルが全然違います。海外のリベラルアーツは、ぎりぎり学者になるかならないかくらいのリベラルアーツなのに対して、日本のリベラルアーツはなんとなくエンカレッジ講座、教養講座のようなことをリベラルアーツと言っています。

これは後ほどまたお話ししますけれども、企業とか監査法人、あるいは税理士法人もそうかもしれませんが、いわゆる「青田買い」、今年は「超青田買い」といって、勉強していなくてもいい、大学2年生の終わりくらいでともかく採用してしまおうとか、「地頭主義」とか、最近では大学だけではなく、高校までたどりたいという学歴主義、要するに、大学ではそれほど教育しなくてもいいということと日本の緩い「リベラルアーツ」という言葉が結びついているところがあるのではないかという心配もしますが、山地先生、学校教育のご経験も踏まえて、この点についてはいかがですか。

山地 まず、リベラルアーツは、私は一般教養という解釈をしていますけれども、要するに幅広い一般教養の勉強です。われわれが学生のときにはリベラルアーツのなかにも分野があって、文学、社会学、法学、経済学、数学等があり、そういうものを必ず取りなさいと言われました。しかし、今は、私の大学を見ましてもそういうのはあまりなくて、リベラルアーツが軽視されている傾向があるのではないかという感じもします。

私のところはアカウンティングスクールで大学院ですから、学部ではリベラルアーツを勉強していただいて、大学院では専門教育を受けるのがいいのではないかと思います。

3.1 わが国の会計人材の養成の現状に関して、どのように捉えているか。もし課題があるとすれば最大の課題は何か。

① 簿記教育の義務化について

町田 それでは、きょうの第1点目のお話に入っていきたいと思います。

これは近藤先生にお伺いしようと思いますが、先ほど、会計人材の育成に関しての現状の問題点の一つとしては、簿記教育がしっかり行われていない、あるいはもう少し幅広くいうと会計分野に関する授業が「義務化されていない」ことが問題ではないかと言われました。

確かに、大学によっては、簿記とか会計は人気がないから必修化している商学部・経営学部もあります。そうでないところでは、会計科目を取る学生がどんどん減っています。

近藤先生、簿記教育の義務化について改めてお伺いしますが、いかがでしょうか。

近藤 簿記の授業が義務化されていないことについては、会計人材の育成という意味においてだけではなく、私は昔、刑事をしておりまして、いろいろな経験をしてきましたので特に感じるところが強くて、例えば裁判官は会計に関する事件があると、全員ということは決してないと思いますが、しかし、法学部を出た方のなかには決算書の内容も知らない方がおられるのが現状です。例えば粉飾決算とはどういうものかをよくご存じでない方もおられます。

現実に私が担当しました事件で、裁判官が「別途積立金、この預金はどこにあるんですか」と弁護士さんに質問されたことがあります。これくらいの、われわれにとっては「いろは」の「い」の話が、実はハードルを越えてやろうという気にならないと身につかないことが非常に問題だと思っています。

その意味で、義務化は、決して会計人材を育成するという意味だけではなく、わが国が経済大国と言われながら、実はその中身を知らない、決算書の中身を読めない学生さんが会社に就職していく、こういうところにも危機感をもっていまして、その意味で、ここには「簿記の授業が義務化されていない」と書かせていただきました。

それからもう一つは、先ほどから先生方もお話をされていますが、受験のための勉強ではなく、簿記が楽しいこと、会計の深さ、これもきちんと勉強していただきたいと思っています。われわれ税理士もまさにそのとおりでして、どのようにすれば会社がよくなるかという点も踏まえて、数字のもつ魔力といいますか、会計のおもしろさにも興味をもっていただいて、深い会計の学習をしていただきたいと思っています。

そのためにも、まず全員が簿記を義務化で勉強して、そこから専門的にやりたい人、そうでなくても基礎的な知識をもっている人、こういうことになるべきではないかというのが私の考え方です。

町田　これは近藤先生と、そのあと高濱先生にもお伺いしたいと思いますが、こういう議論をすると昔から必ず問題になるところとして、簿記が必要なのか、別に簿記でなくてもいわゆる会計学一般でもいいではないかという問題があります。私が学生のころは「会計学総論」という授業がありまして、いわゆる複式簿記をずっと積み上げてやるよりも、読み手側・利用者側の立場の会計を勉強すべきではないか、ということで置かれていた科目であったように思います。

　会計の知識は、商学部・経営学部では当然必要なものだと思いますが、簿記は仕訳や転記などの非常にテクニカルな問題に特化してしまうので、これからは投資家サイドの目線で勉強することが重要ではないかとも言われています。簿記という技術的な部分に特化したほうがいいのか、それとも説明責任の問題とかあるいはもう少し幅広に総論的な会計学を勉強することが大事なのか、その点はいかがでしょうか。

近藤　私からは直観的にしかお答えできませんが、とっかかりはどちらがいいかだと思います。町田先生がおっしゃるように、もし会計学的な方からが入りやすいならそれでもいいと思います。要するに、興味をもってもらうことが何よりで、ただ、簿記の知識がないと深いところまで読み込めないので、やはりあったほうがいいのではないかと思います。

　それから、先ほど商業高校の話をしましたが、「簿記」という名前はずっと伝統的に残っています。簿記の学問の内容を変えるのであれば一つですが、その名前があるので、ここには「簿記」ということで書かせていただいた次第です。

町田　高濱先生にも同じことをお伺いします。簿記ですか、アカウンティングですか。

高濱　正直、その二つを明確に分ける必要はないと思っていまして、基本的には両方必要だと思っています。今目指そうとしているレベルの高い会計人材は、結局、高みを上に上げていくわけで、その土台をどんどん広げていくことが結果としてその高さをつくるベースになるので、会計も必要ですし簿記も必要です。

　一つの言い方としては、会計学を非常にうまく理解できる人は、ひょっとすると簿記の仕組みをそのなかに含めて理解することが可能であるかもしれないという部分で、必ずしも簿記の仕訳を一つひとつ積み上げる勉強をする必要がないという理屈はあるかもしれないですけれども、会計のいろいろな事象にぶち当たったときに、簿記といっても今言っているのは複式簿記で、その原理をもって裏側の勘定科目からいろいろなことを理解していくテクニックまで学べるのであれば、それはそれでいいのであろうと思います。

　逆にいうと、そこに難度があると考えるのであれば、やはり両方という答えになってしまうのではないかと思います。

② 会計や簿記はリベラルアーツに含まれるか

町田　そうしますと高濱先生、先ほどリベラルアーツの話も出ましたけれども、会計あるいは簿記を問わず、これはリベラルアーツに含みますか、含みませんか。

高濱　今の言い方としては、一応含まずにお話をさせていただいています。どちらかというとテクニカルな知識という意味でお話をさせていただいていまして、リベラルアーツが必要かどうかを考えるにあたっては、先取りするかもしれませんが、税理士という資格あるいは公認会計士という資格を取る試験制度にひょっとすると問題があるのではないかと思っています。

　その問題点は、一言でいうと、日本の大学生の方々が世の中に出ていくいわゆる就職活動との関係で少し時間軸が合っていない部分があってこの問題が起こっていると理解をしていますので、そこは今後整理をしていく必要があると思っています。

町田　資格試験の話については、後ほどまたお伺いしようかと思います。

　蓮尾さんにも伺っておきたいと思いますが、蓮尾さんのご経歴は、先ほどご自分でもおっしゃっていましたが、ここ7～8年しか会計に携わっていないということでした。

　今の議論は、大学の商学部・経営学部で簿記とか会計の知識は必須だろうということが前提で進んでいますが、蓮尾さんのご経験からして、簿記とか会計の知識はビジネスマンとしてどの程度必須なのか、それから、大学でどの程度のことまで勉強

しておくべきなのか、という点についてはいかがですか。

蓮尾 私の仕事に関連していいますと、私は、IRという投資家・株主向けの説明もやっておりまして、そういったなかでは当然、簿記とか会計の知識はなければいけません。私が会う人のなかでそういった知識がない方は基本的にいないですし、もちろん、そういう知識があるのでそういった職業に就かれているのが実態です。ですので、これは資格うんぬんではなく、仕事上、必要性に迫られれば基本的に誰でもやるものだと思っております。

ちなみに、かくいう私も銀行に入って最初に「簿記の試験を受けなさい」と言われまして、そこで初めて、簿記3級でしたけれども、簿記の試験を受けさせられました。そのときは見事に不合格で、これはだめだと思って、そこが出発点で自分もしっかりやらなければいけないというかたちで始めていますので、これはある意味、どなたでもやればできる話ではないかと思います。

では、学生の方がどのくらいやるべきかというと、会計大学院とか商学部を卒業されるような方は簿記の基本的なところは当然できるレベルまではきているだろうと思います。私はその実態はわからないですけれども、企業の側からみると、簿記3級とか2級くらいのことは理解しているのではないかという期待はもっております。

町田 現在のわれわれの認識として、会計を志向する学生が少ないのは、簿記や会計は元々非常に積み重ねが多い科目であるということにも原因がありますが、同時に、先ほども少し申し上げましたけれども、この積み重ねの知識が十分に報われないという問題もあるように思います。

つまり、企業への就職環境が超青田買いの状況になっていて、学歴さえあればいいというくらいになっている。今おっしゃったように実際に会社に入ってから「簿記3級を受けなさい」と言われて勉強すれば間に合う、地頭さえしっかりしていれば間に合うと企業側が考えてしまうと、超青田買い、さらには出身高校までの学歴の深掘りといいますか、そういうことが採用の中心になってしまって、会計を志望する学生がいつまでたっても増えないのではないか、とも思います。

マネックスはそのような超青田買いはしていないですね。いかがですか。

蓮尾 残念ながらといいますか、われわれはそこまでの優位性はないので、そこまで学生が殺到しているわけでもないので、青田買いまではしていないですけれども、ただ、私が思うのは、なんの勉強であっても動機がどのぐらい強いかだと思います。

特に簿記でしたら絶対できないものではないと思いますし、地頭うんぬんというレベル以前に、当然商業高校などでも教えていますし、かなりの方が理解できるものが簿記だと思います。

特に簿記は金融とか投資の世界に必然的に結びついてくると思いますけれども、根底には、日本の金融に対する非常に硬直的だったり否定的だった考え方がどこかにあるのではないかという気もしていまして、日本の国の将来を考えたときには、一人ひとりの金融資産をどのように最大化していくかとか、金融資産というアセットをどう生かすか考えることがこの国にとって非常に重要なことだと私は思っております。

そういう観点からすると、では、個人として何ができるか考えたときに、どこに投資するにしても財務諸表が読めなければわからないですし、そういう動機があれば簿記は通っていかなければいけない道だと普通の人は思うのではないかと思います。

3.2 それぞれの立場で、会計人材の養成又は活用に関して、いかなる取組みを行っているか。

① 公認会計士の魅力向上

町田 二つ目の論点に入っていくことになるかと思いますが、今の会計士試験の志望者あるいは税理士試験の志望者が少ないことに関しては、大学生に呼びかけるのでは遅いのではないかということで、日本公認会計士協会では、中学生・高校生に呼びかける、あるいはもっと言うと中学・高校生をもっている父母に、そんなに怖い業界ではないということを呼びかける取組みがなされつつあります。

高濱先生に伺いますけれども、公認会計士協会としては、具体的にどのような取組みを行っているのか、お話しいただけますか。

高濱 ありがとうございます。まさに今おっしゃっている内容を、われわれの言葉では「公認会計士の魅力向上」という言い方をしていますけ

れども、これを今の関根執行部の大きな柱の一つとして挙げて活動をしています。

年少者に対しては、冒頭にお話ししました「ハロー！会計」というかたちで、会計教育のさわりのような取組みを小学校の高学年から中学生にやらせていただいています。それから高校には、今の高等学校、特に公立高校へおじゃまするのはなかなか難しいですけれども、OBなどを使って、大学に入る前の段階の方々に呼びかけをやらせていただいています。それから大学には、こちらにも当然おじゃましていると思いますけれども、職業紹介をしています。

加えて、このレジュメにも書かせていただきましたけれども、今、女性の合格率がようやく20％になっていますが、日本の人口の半分を女性が占めているなか、この比率は非常に低いのではないかと考えていまして、女性の方々が生涯にわたって働ける非常に働きがいのある仕事であるというPRを今一生懸命続けています。

われわれは、女子大学生とか女子高校生の方々に直接タッチをしていますけれども、若い方々も賢くて、残念ながら、古だぬきのようなおっさんが言うことにはうそが入っているに違いないということで、わりと年齢の近い大学の先輩とか20代の方々に「その業界はどうなの？」と聞かれます。そうすると、人手不足のわれわれの業界では連日深夜まで仕事をさせられるという話を聞かされ、それが結果として受験意欲の減退につながっているというところまでは分析ができていまして、われわれは間違った理解だと思っていますので、それをこれから受験していただける方々に訴えていこうとしています。

会計士協会が受験者を増やすためにそのように必死にやっているので、私も、ある大学の先生から「何か困っているんですか」と聞かれたことがあります。特にその方は女性でしたけれども、われわれの業界の資格の最大の強みは、キャリアパスといいますか、いろいろなライフイベントで一度休止をしても復活ができる、それも第一線に復活できる可能性がある、というようなお話をしたところ、これは適切かどうかわからないですが、「大学の先生よりも会計士になるほうがいいんじゃないの」とおっしゃっていただけておりまして、たぶんお話を聞いていただければわかる世界だろうということで、かなり時間を使って草の根運動をやらせていただいています。

町田 高濱先生は答えにくいと思うので、山田先生にあえて伺いますが、今のお話のように、現状、会計士協会は非常に努力しておられます。ただし、公認会計士試験の合格者数が1,000人ちょっとで、大手法人プラス中堅・中小まで含めた需要が実質的に1,500人くらいだとすると、合格者が全然足りないわけです。

こういったなかで、ゴールデンウイークも休みはないとか、10年後にはAIに置き換わる職業だというような話を聞くと、若干の魅力向上策やアピールでは足りないのではないか。マイナス100から魅力が多少回復してもまだマイナスなのではないか、という気もしますが、山田先生、これはもともとどこかに制度上の問題があるのではないですか。

山田 なかなか挑戦的なご質問をいただきましたけれども、私は、資本市場における会計士の役割は非常に期待されていると思っています。ただ、それに対する理解といいますか、残念なことに、過去に合格者が多くて就職できなかったことがまだ皆さんの記憶に新しかったりして、今、私自身十分に整理できているかはわかりませんが、例えばAIが進むとなくなっていく職業の一つに会計士が挙げられていて、実際に大学で学生にそういう質問を受けますが、私は学生に「最終的な判断の段階では絶対になくならない」と言っています。

今言われた残高確認状などの事務処理は、今は公認会計士協会を中心に統一化を図って少しずつ効率化をしています。そのように、機械に取って代われる業務はできるところからどんどん変えていったらいいと思いますが、その結果として残る資本市場が健全に発展するために果たすべき役割は非常に重要です。

それから、先ほどの働く環境のレベルでいうと、残業でずうっと厳しいとか、ゴールデンウイークがずうっと出勤だという話がありました

特集 Ⅳ　第16回　青山学院　会計サミット

が、あれは変形労働制をとっているからで、結局、ゴールデンウイークに働いた分はまた別なタイミングで休みをとれるとか、例えば8月に1か月以上休みがとれるなど、いろいろなかたちで結局は全体としてのバランスがとれるようになっています。

それからもう一つは、たとえ変形労働制をとっていても、1か月における残業時間には上限があります。そうすると、現在の日本の株式会社の株主総会は本当に6月末でいいのかというような制度自体も本当は含めて考えないと、「働き方改革」という問題の解決は難しいのではないかと思います。

ですから、関係者の方がいらっしゃると差し障りがあるかもしれませんが、決算をできるだけ早く発表すると投資家重視の表れだというような認識がありますけれども、必ずしもそうなのかどうか、というと、きちんと時間をかけて監査をしたあとの情報でも十分ではないかと思います。

それから、会計士の残業の量だけが今いわれていますけれども、では、社会全体として決算発表のタイミングが速いことがいいのか、それから6月総会が7月になったらまずいのか、税法では対応ができていて、7月でもかまわないところへきているわけですけれども、例えば今度の「働き方改革」は、人間的な働き方をするのであれば今の社会制度そのものを見直してもいいのではないかという視点があまり強調されずに、労働者の残業を抑えるところが重視されているので、ほかのところにひずみ

が寄っているわけです。

少し話が大きくなっていますけれども、世の中の仕組み全体を「働き方改革」の視点からもう少し見直してもいいのではないかと思ったりしています。

② 日本税理士会連合会のPR活動

町田　次に、近藤先生にお伺いしたいと思います。日本税理士会連合会としては、新しい若手というのでしょうか、若少年層への呼びかけも含めて、税理士試験受験者数の増加に向けて、ここでは「PR活動」という言い方をされていますけれども、どのような取組みをされているのかお聞かせください。

近藤　実は、日本税理士会連合会では、電通に、若年層へのアンケートをとっていただきました。アンケートの結果を見ますと、実は「税理士」という資格の名称の認知度は97%ほどありまして、公認会計士の先生には申しわけないですが、弁護士に次いでわれわれの認知度が高かったのが現状です。

ところが、職業認知、仕事の中身を知っているかということになると2割ほどしか知らない。学生に「税理士のイメージってどんなの？」と聞きますと、テレビで見ていると、悪い会社の社長の側に立って税金をごまかして国税にたたきつけられるのが税理士だと、そのような印象をもっていると聞いております。

そこで、日税連としましては、まずは職業認知、どのような職業かを学生さんたちに話をする機会をもちたいということで、ここに「PR活動」と書いておりますが、一つは、この6月に、青山学院さんは確か選考漏

れをしたと思いますが、全国で1万枚、学食トレイに「税理士って？」というシールを貼りまして、学生さんが1か月間それを見て、税理士に興味をもってもらうようなPRをしました。

それから、今、日税連は大学及び大学院に「寄附講座」を設けさせていただいております。来年度以降はこれを全国の15単位会で1校ずつできるように、とにかく学生さんに出会って、税理士の魅力、税理士の仕事の内容を・・・、先ほどの高濱先生のお話にもありましたように、税理士はいったん休業しても、特に女性の方は、育児をされたあとでも、あるいは育児をしながらでもできる仕事だということを積極的にPRしていきたいということで、寄附講座を積極的に開講する予定にしています。

それから、若年層という話がありました。これはまだ検討中ですが、キッザニアはご存じですか。ある単位会では、ゼロ歳から15歳の子どもに向けて、1週間程度、税理士事務所を開設しまして、そこに子どもたちが仕事を体験しにくるような機会を設ける予定です。ゼロ歳の子どもに何がわかるのかという話ですが、ゼロ歳の子どもには親がついてきます。1日90人くらいの子どもに、多くの親がついてきます。

こういうものも積極的に取り入れて、税理士の認知度を高めるのには、まず「税理士という仕事があって・・・」ということからPRをすべきだということで、ここに書いていますのはそういう意味で、日税連あるいは各単位会を含めてPR活動

を積極的にやっているということであります。

町田 近藤先生、今お話のありましたところと重なるかもしれませんが、報告要旨では、「税理士という職業は、いつからでも資格の取得を目指すことができる」と書かれています。前提の話を先に申し上げますと、今回の会計サミットの問題提起のなかに、税理士試験の合格者数あるいは受験者数が減っていると書きましたが、これはおそらく近藤先生から反論があるのではないかと思っておりました。

どういうことかといいますと、税理士資格の登録者数は一定で変わりません。これは税理士資格へのチャネルのいわゆる免除、税務署での経験よるに免除はわりあい減っていますので、そうすると、本学もそうですけれども、会計大学院で一部科目を免除されて税理士になるルートがかなり広くなってきています。ましてや、この合格者数は、一部科目を免除されて最後に例えば消費税だけ受かっても合格者になるということです。

そうすると、はっきりいって、今、税理士試験の簿記・財務諸表論のほうが公認会計士試験の数倍難しいと思いますけれども、科目合格を認めていることが、もしかしたら試験を難しくしている、あるいは簿記の試験の合格者の水準を上げているのではないかと思います。

今日は試験制度に深入りするつもりはないですけれども、この点だけお伺いしますが、そういったことも含めて考えますと、もしかしたら、現状の税理士試験制度のゆがみが税理士試験受験の障害になっているところはないのかと思いますけれども、先生のお考えはいかがでしょうか。

近藤 ここからは私個人の見解ということで話をさせていただきます。

確かにおっしゃるように、簿記の試験を見ていただいたらわかりますが、私が今受けたらおそらく受かりませんし、公認会計士試験よりもはるかに難しいのではないかとは思っております。かつ、1科目ずつ受けられることで相当にハードルが高い、逆にいいますと1科目ずつが難しいという意見はあります。

ただ、もう一つのメリットがあるのでなかなか変えにくい部分がありまして、私がここに「いつからでも」と書いておりますのは、働きながらでも受けていただけるということです。今の公認会計士試験では学生がほぼ受かっていく現状のなかで、では、社会に出たあとに会計の仕事をしたかったらどうするのか、あるいは就いた仕事が自分に合わないから会計の仕事がしたいときにどうするのか、働きながら1科目ずつ受けられる、これは魅力だと思います。これは試験の中身の問題と制度の問題とを分けて考えるべきだと考えております。

それから、先ほど免除のお話がありました。免除につきましても、試験を一本化せよという意見はたくさん伺います。ある一方的な見方をすれば、そのとおりだと思います。しかし、先ほど先生方がお話をされましたように、試験はあくまでそのときに一つの水準をクリアしただけであって、これだけで判断をしてしまうと、受験のためだけに勉強した人ばかりになってしまいます。

では、アカウンティングスクールで会計・簿記を一生懸命に勉強されて、もっと知識の深い方が、その1個の試験が受からないからといって資格が取れないことが税理士にとっていいかどうかは議論のあるところで、法学も一緒です。法学のいろいろな科目の勉強をきちんとされた方が、3科目受からないからといって税理士になれないのがいいのかどうかは、試験制度の在り方として議論すべきであります。

私個人は、ロースクール、アカウンティングスクール、あるいは大学院等で法律・会計の勉強をきちんとされた方に、1科目あるいは2科目の免除があったとしても、税理士としては、そういう方にも入っていただきたいと考えております。

③ 会計大学院について

町田 この流れでいくと、どうしても会計大学院のことを聞かなければいけないのですが、山地先生、会計大学院の現状を少し整理していただきたいと思います。先ほどの話では会計大学院は現在12校あると言われました。以前は、もっと多くの会計大学院があり、それが未就職者問題などを経て、12校まで減ってしまっていますし、会計大学院が単独で成り立っているところは非常に限られています。

さらには、会計士志望者だけでは到底定員が確保できないということで、税理士試験の免除を出すことにかなり特化している大学院もあるといいます。こうしたことも含めて、現状、会計大学院はどのような状況

にあるのか、について教えていただけますか。

山地 会計大学院は最大18校ありまして、今は12校になっております。

それで、いくつかの会計大学院では、公認会計士だけでなく、税理士を養成すること、つまり両方を会計大学院の目的の中で挙げている大学院がけっこう増えております。ホームページで調べましたけれども、ホームページで表立って税理士の養成をうたっている大学院は1校もありませんでした。ですから、表向きは会計プロフェッションの養成をいっております。しかし、実際には税理士試験科目の免除をしている会計大学院があるのも事実です。

数字を見ましたところ、公認会計士の合格者を出していないか、もしくは1名とか数名で、実際には税法の免除を出している大学院が2～3校ありました。ただ、その会計大学院でも、ホームページを見ると、税理士の養成に特化しているとは一切いっておりませんで、「公認会計士と税理士を含めた職業会計人の育成」と、これはたぶん、認証評価の関係で、税理士だけに特化すると少し問題になるかと思いますので、表向きは税理士試験に特化しているとは一切いっておりません。

でも、現に、多くの会計大学院で税理士試験の一部科目の免除をしているところはかなり増えています。けっこう多くの大学院でやっているのは事実でございます。会計の免除と税法の免除の両方がある会計大学院と、会計学に関する学位論文を書けば税理士試験の会計科目を免除す

る会計大学院と、つまり会計と税法と両方やっているところと、会計しか免除がとれないところと両方あるということです。

町田 近藤先生にお伺いしたいのですが、先ほど、近藤先生は、税理士の仕事はいわゆる法律の問題を扱うというお話をされて、税理士はもともと法律の専門家だとおっしゃいました。この点はいつも議論になるところで、会計大学院はあくまで会計の大学院で、税法の問題や税理士の問題は法科大学院なりあるいは法務研究科等々で扱うべきであって、会計大学院が扱うのはおかしいのではないかという意見もあります。

近藤先生は、この点についてはいかがお考えでしょうか。

近藤 先ほど、先生方からもお話がありましたが、今、経済学研究科などを出て、法学の先生がおられるところで税法の論文を書けば免除になります。どちらの論文を書いたかということで、必ずしも法学部を出なさいということにはなっていません。それから、今、財政学では法学の免除はありませんので、この点はお話をしておきますが、実は、アカウンティングスクールのなかにそういうところがあるのはわれわれも承知をしております。

「免除」というものの考え方が修士以上の学位を取ることとなっているのは、もともとは大学でしっかり研究した人という考え方がスタートにあったわけで、始まったときの修士の数は今とは圧倒的に違います。それがいつの間にか今のようなかたちになって、ある意味批判的な意見が多くなっているのが現状です。その観点からしますと、私個人としても、会計大学院で租税法を学んだからといって3科目、今なら2科目ですが、法人税とか所得税を受験せずに、というのは違和感があります。

しかし一方で、法学部でも租税法の研究をほとんどせずに、でも租税法だけ書けばいいという風潮もなきにしもあらずですので、これはアカウンティングスクールだけの問題ではなく、大学院全体の免除の在り方に関する大きな問題ではないかと考えております。

④ 「会計人材」について

町田 蓮尾さんに伺います。先ほど蓮尾さんは、公認会計士・税理士を使う側として、公認会計士・税理士の資格は最低限あることが一つの必要条件で、そのあとの問題だという話をされていました。確認したいのですが、マネックスでは今、会計士、税理士、それから弁護士は何人くら

いずついらっしゃいますか。

蓮尾 まず、会計士は、日本の公認会計士の方が3名、USのCPAが1名、それから税理士が1名、弁護士が2名です。

町田 最低限というお話でしたけれども、日本の公認会計士試験あるいは税理士試験を合格したことは、彼らの職種からしてどの程度の段階ですか。それで8割・9割満たしていますか、それとも、まだまだ3割ぐらいで、実際の実務で、会計とかIRとか、あるいは財務を身につけていかなければいけないレベルですか。

蓮尾 これは、「会計人材」といったときに最終的にどこをゴールにするのかによってずいぶん変わってくると思います。

例えば、私は、比較的ジェネラリスト的な立場から今のCFOの職に就いていますけれども、会計の専門の立場からこのポジションに来るルートがもっとあっても当然いいと思っています。そのルートを考えたときには、今いる人たちももう少しステップアップする必要はあるので、単に公認会計士だからよいということでもないと思っています。

そうすると、今いる方々はどういう役割を果たしているかといいますと、端的には、監査法人とのやりとりのなかで、ほとんど監査法人と同じ目線で議論ができています。当然ですけれども、会計上、まず会社側の意見があり、それを表明したうえで監査法人が監査をすることになっておりますので、会社としては、先ほど申し上げたように事業が非常に多角化しているなかで、どういう意見をもつのかが大事になっておりまして、そういったなかで、来ていただいている会計士3名はいずれも、とある監査法人から来ておりますので、相手の手の内がある程度わかることもあって、そこは非常にプラスアルファになっております。

ただ、IFRSに移行した時点ではそういった方がいませんでした。そうすると、監査法人への依存度がかなり高くなり、そのうえで進んでいくかたちになって、会社としてのイニシアティブが非常にとりにくいので、そういうなかでは、やはり公認会計士なり監査の経験をもった方は重要になります。

ただ、その次のステップを考えると、では、そこで得た結論なりをどう対外的に説明するのか、あるいはマネジメントにどう伝えるのか、これはまた次のステップになると思いますし、特に会計用語をそのまま伝えるとだいたい伝わらないので、私自身が部下である彼ら彼女らの話を聞いてもときどきよくわからなかったりするので、日本語・英語ではないですけれども、ここも何か翻訳が必要な世界なのかなとは思っております。

町田 今、IFRSのお話も少し出てきましたので山田先生にお伺いします。今日、IFRSの原則主義のお話をしていただきました。対監査法人だけではなく、財務報告において十分なアカウンタビリティを果たしていくのがIFRSの考え方だろうと思います。そういう点からすると、先生の基調講演とも重なりますけれども、今日のテーマである「高度な会計人材の育成」について、いったいどのような人材を育成していくことが必要なのでしょうか。

山田 先ほどから出ていた簿記・会計の話も含めますと、まず、前提として簿記はわかっている必要があると私は思っていまして、いろいろな会計の理論を議論するときに、最終的には仕訳のかたちでうまく表せて、それが理解できることが一番早いコミュニケーションですので、IFRSもすべて、それから私が商社にいたときもすべてでしたが、最終的に仕訳を起こさないと始まらないので、仕訳が起こせて、つまり会計で議論していることを仕訳のかたちで処理できる人材でなければ、大学から外へ出しても最終的に役に立たないと思っていますので、そういうところにたどり着けるような教育をしたいというのが私が一番思っていることです。

それから、IFRSは原則ベースで、先ほども申し上げましたように、例えば収益認識の基準は履行義務を果たしたときに収益を上げることで、これは非常に明解ですけれども、では、どの時点で履行義務を果たしたか、ないしはどういう履行義務に分けるか、そうすると分けたもの一つひとつを違う履行義務として会計処理をしなければいけないのですが、実務でお客様と議論をするときに、そのイメージをもてないと議論ができないわけです。

それから、企業に入った学生も結局、自分のしたいことが最終的には会計処理、仕訳のかたちで提示できなければコミュニケーションができないと思いますので、IFRSかどうかは別として、またIFRSであって

も、結局、自分がしたいことは最終的にこういうかたちで資産を認識し、負債を認識し、収益・費用を認識することだということが仕訳のかたちで明確にできる能力がないとだめではないかと思っています。

⑤ 試験制度について—受験資格—

町田 高濱先生、そもそも会計士の資格を取ったからといって、すぐに実務に使えるわけではないという前提だとすれば、試験はもっと易しくして、たくさん合格させて、教育は監査法人なり会計士業界できちんとやるという体制がとれれば、そちらのほうがいいのではないかとも思います。

ところが、会計士の先生方は「昔はもっと難しかった」「もっと試験を難しくして、もっと質のいい会計士を輩出してほしい」といって、公認会計士試験を難しくすることで、会計士の質の確保しようとしているといいますか、国家試験に会計人材の識別・選抜を任せようとしているのではないかという気が少しするくらいです。例えば、国に働きかけて、公認会計士協会と国のコラボでもいいですが、もっと入口的な試験にして、あとは業界できちんと教育しますといってみたらいいのではないかと思いますが、いかがですか。

高濱 急に挑戦的な質問を受けましたが、制度の問題点についてはおいておきまして、試験制度自体については、なんらかの方法をもって変更したいというのが今の公認会計士協会の考え方です。

おっしゃるように、諸外国を中心に、大学卒業レベルの方が監査法人に入って、それから易しめの試験を通って実務を積んでいくモデルがもともとありました。一方、日本の制度は逆で、一般的には一次試験免除を大学の教養レベル、すなわち2回生までに取り終えて、それからチャレンジしていく。その結果、試験自体はどちらかというと難しくし、試験合格段階でそれなりの人格者を選抜するという発想で、日本の公認会計士制度は平成18年までは行われていた事実があると思います。

今はどうかといわれると、試験を受ける受験者が試験制度のその大きな二つの流れの理解ができていないと個人的には思っています。理解ができていないイコール、先ほど申し上げましたが、タイムスケジュールが合っていないという理解をしています。米国式のように、大学を卒業して監査法人に入ってから試験にチャレンジするならば、おそらく、チャレンジする方はもっと増える可能性が高いと思いますけれども、今は、残念ながら、現状の試験制度の関係から、すなわち難易度をうまく調整できないということが結果としてあって、できていないと思っています。

ただ、流れとしては、できるだけ試験のハードルを下げて、大学生以外の社会人の方々にも入っていただくような試験制度を平成18年からやり始めたわけですから、本当はそこの実態を調査して考え直すべきだと思っています。

ただ、残念ながら、今の試験制度は受験者層の発想と合っていないので、それを直すために、今いただいた挑戦的な質問に積極的に答えたいとは思いますが、そこは置いておいて、根本的な問題である試験制度自体の変更は直近の課題と考えているところです。

町田 今、高濱先生は試験が受けやすくなったという話をされたと思いますが、先ほど山地先生からは、大学の1〜2年できちんと一定の教育を受けた者が受験をするのが当然ではないか、アメリカでは受験資格が会計関連科目の単位を150位取得することとされている、というお話もありました。今の話でいうと高濱先生はどちらの立場ですか。

高濱 これは私個人の意見ですが、ゴールは同じだろうと思っていますので、通るべきルートをどう整理してやるかの問題だと思っています。ですので、解は二つあるのではないかと個人的には思っています。

すなわち、旧来の公認会計士の資格をおもちの方々、私もそうですが、昔の資格制度を合格された方々は従前のリベラルアーツ、といっても教養は2回生までですけれども、それなりの大学教育を受けてから入るべきである、こういった人が公認会計士である、という定義をするならば、そこに戻すのも一つのゴールです。あるいは逆に、今おっしゃられたように大学のなかでもう少ししっかりとリベラルアーツ、プラス専門知識を積んだうえで法人に入るルートもゴールであると個人的には思っています。

ただ、最後のゴールにもっていくためには、大学もしくは大学院がもつ役割と監査法人がもつ役割、それに対して会計士協会が果たすべき役割は違うと思っていますけれども、その整理がうまくいっていないのが

現状なので、どちらですかと言われると、個人的には両方の答えを用意しておきながら、時代の流れに合わせていく方法がいいのではないかと思っています。

その時代の流れとは何かというと、受験者の考え方を試験制度と合わせてあげる必要があるのではないかと思っています。一言でいうと、学生の方々が保守的になられているので、そこに対する対応が必要ではないかと思います。

町田 今度、成人年齢が18歳に引き下げられます。そうすると、公認会計士試験の資格登録も18歳からできるようになるのでしょう。将棋の世界でも15歳の棋士の登場が大きなニュースになりましたが、公認会計士も、今は16歳合格が最年少です。今後は、さらに、中学生の15歳で合格しても、3年間の実務補習をきちんと経ると18歳で公認会計士試験資格登録ができるという、高濱先生が言うところの「もう一つのルート」が機能してしまうかもしれません。山田先生、こんなことでIFRSの判断とか、あるいは経営者と伍してアカウンタビリティの議論ができる会計士が本当に育つのですか。いかがですか。

山田 短く答えると、できると思っています。

きょうは試験制度についてはあまり議論しないというお話ですが、どういうことを満たしたら資格が取れるかということなので、いろいろな考え方があるとは思いますが、現在の制度だけを前提にすれば、ある試験に受かるという要件を満たせば、あとは登録のために成人という、この二つの要件を満たせばいいということであれば、それで受かってしまうわけですけれども、重要なのは、そこからの教育と訓練だと思います。

ですので、例えば18歳で大学1年生で会計士の登録をしてしまうと、そのあと在学中にどういう教育を・・・、これは大学の責任なのか、それとも公認会計士協会の責任なのか、つまり会計士という専門的な試験に受かったとしても、そのあとの4年間に会計をまったく考えなければ元に戻ってしまうわけで、そうすると、在学中でありながら会計士の資格をもっている人に対するトレーニングを行うのは公認会計士協会の責任でもありますし、それから、そういう学生がいることに対して大学がどのようにそれを背負うべきなのかというもう一つの論点があって、そのへんは今後少し議論され整理されなければいけないのではないかと思います。

そういうことを前提に、教える立場としては、IFRSに関していえば、社会に出てIFRSに関していろいろな問題に直面したときに、どこをたどってどのように考えていったら解決策が見つかるかを自分で発見できるような学生を育てたいと私は思っていますが、それは個人のベースの話で、もっと大きなベースでは、制度・仕組みとしては大学なのか公認会計士協会なのかという、ちょうどはざまのところの役割分担は今後もう少し議論されていいのではないかという印象をもちます。

町田 近藤先生にもお伺いしますが、先ほどから、何度か、いつからでも資格の取得を目指すことができるのが税理士だというお話がありました。

ですが、やはり高年齢化している受験生という問題もあると思います。そういったときに、税理士にしても資格は入口だとすれば、よくいわれる話ですが、例えば会計科目だけでも会計士と同じ基礎的な試験にしておいて、あとは実務をしながらでも資格を取得することができるような試験制度を構想することもあるのではないかと思います。

この点は、税理士会連合会の立場を離れての個人的な見解でかまわないのですが、近藤先生が考える資格取得のプロセスとか、あるいはどのように教育をしていくべきなのかについてお伺いできますか。

近藤 まず、問題を簡単にして合格者を増やすという考え方についての、あくまで個人的な見解です。

税理士は、適正な納税申告をすることが一番の仕事です。これは、国にとっても、納税者にとっても、あるいは国民にとっても重要なことですので、一定水準がない税理士が、言い方は悪いですが多数増えて、仕事がないからというようなことはやはりあっては困ると考えておりますので、試験制度についての一定の水準は必要だと思います。ただ、その内容については、日税連の制度部で検討しておりますので、そちらの意見を待ちたいと思います。

それからもう1点、受験者の資格の問題ですが、先ほど、公認会計士は受験資格がないというお話をされましたが、私はこれは個人的にはすばらしいと思っておりまして、なぜ

かといいますと、今は格差社会です。小学校から塾に行ける子どもたちが私立の中学に行って、高校に行って、大学に行って、試験を受けているのが現状です。

小学校の授業を聞いていますと、とてもじゃないですが、これは記録に残っては困りますが、昔のようにできる子のための授業ではなく、今は、ついてこられない子のための授業ですから、みんな塾に行きます。しかし、格差社会になると、格差のある子どもは塾にも行けないので、その先で税理士の試験を受けようと思うことすらできません。そこに大学の資格などを入れていくと、本来能力のある子どもたちが受けられない、そういう問題が今の試験制度の根底にはあると私は考えています。

ですから、受験資格はなくてよいので、しかし、よりよい人材が誰でも受けてもらって一定の水準を超えて、もう一つ大事なのは、資格を取ることはあくまでゴールではないということです。公認会計士であれ、税理士であれ、資格を取ったらそこはスタートラインです。そこからが本当の仕事なので、そのあとの教育を公認会計士協会あるいは税理士会がきちんとプランを立てて、わが国あるいは世界に役立つ資格者を育てるのがわれわれの業界の役割ではないかと考えております。

町田 どうも実務家の先生方は、受験資格がないことをよいことだとお考えのようで、われわれとは、あるいは先ほど山地先生からお話のあった国際教育基準の考え方とは、非常に相反するご意見のようです。この話はあまり深入りすると終わらなく

なってしまいますけれども・・・。

高濱先生から手が挙がりましたので、高濱先生、短くお願いします。

高濱 先ほど、試験の話だけに特化しましたので途中で止めましたけれども、IESとの関係でいうと、先ほどから提示されているIFRSを採用している、例えば上場企業の監査をするときに、資格を取っただけの人が本当にできるのかという問題意識はしっかりともっていまして、資格とは違うレベルの、例えば研修完了制度、あるいは現実には今、そういった会社の実務については、大きな監査法人のパートナーで、かつ、その中でも能力判定をされた方が担当していますので、国際教育基準との関係は、今行われている実務と、それを協会としてどのように認定していくかというなかで整理ができるのではないかという理解をしております。

町田 国際教育基準では、IFRSなどに限らず、ITとかファイナンス、あるいはサンプリングの基礎になる統計学の知識なども、資格取得後の研修の議論ではなく、会計士資格の資格取得前教育の問題として求められているわけです。あるいはもっと根本的なところでいうと、職業倫理の教育を一回も受けていないなかで、専門職に就いてしまって本当にいいのだろうかという議論もあるのではないかと思います。そういった問題も含めると、日本の公認会計士や税理士の資格取得前教育のプロセスなり、要件というのは、もう少ししっかりと議論をする必要があるのではないか、と考えています。

3.3 会計人材の養成という観点で、大学及び大学院等の高等教育機関に対する期待はあるか。あるとすれば、それは具体的にはどのようなものか。

町田 時間も押してまいりました。最後の論点に移りたいと思います。

先に山地先生にお伺いしようと思いますが。今、会計大学院では、税理士・会計士だけではなく、いわゆるビジネス社会から人を受け入れて、教育をしてまたお返しすることも取り組んでおられると思います。もちろん、資格をもっている人を再度教育するという、いわゆるリカレント教育のこともありますけれども、今は、その話は置いておいて、いわゆるビジネス社会から会計大学院に入って会計の高度な知識を得て、また自分の会社に戻って仕事をしていくといった教育については、今、会計大学院ではどのような取組みをしておられますか。

山地 私は、会計大学院全体のことはよくわからないですが、関西学院大学アカウンティングスクールは、開設当初から社会人の方を対象にしたリカレント教育ということで、平日の夜間は梅田のキャンパスで、それから土曜日は西宮のキャンパスで授業をやっております。平日の夜間と土曜日あるいは集中講義を受けて、平日の昼間に授業を受けなくても、2年間で修了できる仕組みになっております。

青山学院大学でも、社会人をターゲットにしたカリキュラムに変えられたと聞いております。あるいは明治大学もそのようにやっておられると聞いておりますので、多くの大学院で社会人をターゲットにした学び直しの教育をやっているところが増えてきていると理解しております。

町田 蓮尾さんにお伺いしますが、先ほど、会計人材として資格取得者を採用しているということでしたが、それ以外に、企業側が期待する会計人材はいったいどのようなものか、どういう要件を満たせばいいのか、あるいは社会人になってから勉強するという観点ではどういう会計人材を期待するのか、お伺いしたいと思います。

蓮尾 先ほどの回答とも重なりますが、ゴールをどこに設定するのかによって回答は変わってきますけれども、特に大学に関していうと、本当に基本的な、先ほどは「リベラルアーツ」といっていましたけれども、いわゆる「考える力」のような、何か新しいものに出くわしたときに対処する力を身につけるのが大学教育ではないかと思います。

会計大学院の教育に関していうと、先ほど、国際教育基準のお話が出ましたけれども、企業側からするとコミュニケーション能力は非常に重要だと思っておりまして、私どもが公認会計士の方を何人か面接して採用するときも、なかには、質問をしても一切目を合わせないでずうっとしゃべっておられるような方もいて、そういった方は、能力はあるのかもしれませんが、ビジネスの現場としては非常に使いにくいことにもなってしまいますので、コミュニケーションは非常に大事であると思います。

山田先生の基調講演のなかで、将来的には日本人から議長を出したいというお話がありましたけれども、企業もどんどんグローバル化していくなかで、われわれもそうですが、日本だけではなく、いろいろな国の人と一緒にやっていかなければいけないなかで、会計人材の議論も日本にとどまらないと思います。そうすると、グローバルに見たときに、グローバル企業のCFOを誰がやるのか、そのときに必要な能力は何かというと、コミュニケーションは絶対必須になりますし、英語もしゃべれないといけないと思います。

そういう意味で、求めると非常に多くなってしまいますが、そういうなかで大学なり大学院なりが果たせる役割を今後どのように位置づけるかは検討課題になると思います。

4. おわりに

町田 ありがとうございました。

この話は非常に多岐にわたって議論も尽きませんし、試験制度についてはスペシフィックにもっと細かい議論もいろいろあるところだと思いますので、本日の議論が散漫になってしまった観点もあるかもしれません。その点はおわびを申し上げたいと思います。

本日の会計サミットは、「わが国における会計人材の養成と高等教育の在り方」というテーマで基調講演からパネル討論会までやってまいりました。以上をもちまして本日の討論会を終わらせていただきたいと思います。

ご静聴ありがとうございました。
（拍手）

特集 IV　第16回　青山学院　会計サミット

青山学院　会計サミットの歴史

※各回のご登壇者・コーディネータのご所属・肩書は省略しております。
※第1回と第3回は「公開シンポジウム」と「特別講演」の順に行っております。第4回は「報告」と「討論」の順に行っております。

開催回	開催年	第一部　特別講演（基調講演）	第二部　パネル討論会（公開シンポジウム）
第1回	2003	「公認会計士の役割と期待」　どう変わる！公認会計士の業務と試験制度―改正公認会計士法について考える―／塩崎　恭久	公認会計士に寄せる期待と課題―『会計専門職大学院』の果たす役割―／羽藤　秀雄・奥山　章雄・金子　昌資・藤沼　亜起・平松　一夫；八田　進二
第2回	2004	期待される『会計専門職業人』の養成／木村　剛	『会計専門職大学院』の果たす役割と課題／高田　敏文・加古　宜士・鈴木　豊・藤沼　亜起・脇田　良一；八田　進二
第3回	2005	米国における会計専門職教育／Dr. Sridhar Ramamoorti	私達が「会計専門職大学院」修了生に期待するもの／池田　唯一・小川　英明・斉藤　惇・藤沼　亜起；多賀谷　充
第4回	2006	『会計・監査・税務・ITの経営における重要性、専門職業に求めること、会計大学院修了生を有為な会計プロフェッショナルとして送り出すために』（それぞれの立場から）（討論）／藤沼　亜起・金子　秀夫・中澤　進・山本　清・橋本　尚；鈴木　豊	
第5回	2007	今、会計がこんなに面白い―ベストセラー会計士作家が語る会計の裏表―／山田　真哉	市場が期待する会計・監査、そして、会計・監査が求める市場の役割／斉藤　惇・筒井　高志・髙松　明・水嶋　利夫・佐藤　正典；八田　進二
第6回	2008	決算書の暗号を解く！―会計知識は、ビジネスパーソンの必須要件―／勝間　和代	経営戦略における会計への期待―そのために求められる人材とは？―／羽藤　秀雄・関　哲夫・木村　剛・増田　宏一；八田　進二
第7回	2009	経営者はなぜ経営判断を誤るのか―会計数値を鵜呑みにしてはならない―／林　總	低迷する経済環境下における会計の役割と課題／加藤　厚・小林　慶一郎・冨山　和彦・鈴木　豊；八田　進二
第8回	2010	会計国際化のいま、落語に学ぶコミュニケーション／田中　靖浩	IFRSへの対応と日本の会計戦略／三井　秀範・平塚　敦之・鶯地　隆継・磯山　友幸；八田　進二
第9回	2011	危機を克服する経営の勘どころ～コマツの経営構造改革を通して～／坂根　正弘	想定外リスクへの対応と会計の役割／小西　範幸・戸村　智憲・佐藤　淑子・横山　洋一郎・神林　比洋雄；八田　進二
第10回	2012	経営者と企業統治／宮内　義彦	企業不正を巡る諸課題～その防止と発見を目指して～／山崎　彰三・太田　順司・伏屋　和彦・斉藤　惇・國廣　正；八田　進二
第11回	2013	経営改革と会計の現場から／大矢　俊樹	パブリックセクターのマネジメントと会計改革／樫谷　隆夫・梶川　融・小林　麻理・副島　建・鵜川　正樹；小倉　昇
第12回	2014	IFRS財団における基準設定プロセスとガバナンス～モニタリング・ボードの役割と課題～／河野　正道	IFRS対応の将来像　わが国における主体的な取組みに向けて／小賀坂　敦・阿部　泰久・関根　愛子・安井　良太・金井　広一；橋本　尚
第13回	2015	変革へのシナリオと対話の促進／伊藤　邦雄	投資家との新たなコミュニケーション／斉藤　惇・永田　雅仁・山田　治彦・川本　裕子・江原　伸好；多賀谷　充
第14回	2016	持続可能な企業経営とガバナンスの課題／柴田　拓美	今、改めて問う　わが国の監査のあり方／鈴木　康史・今給黎　真一・天谷　知子・野村　嘉浩・手塚　正彦；町田　祥弘
第15回	2017	ガバナンス議論の新潮流―過去・現在、そして未来―／八田　進二	日本的経営とガバナンス／磯山　友幸・大崎　貞和・久保利　英明・関根　愛子；町田　祥弘
第16回	2018	国際的人材育成と教育について―IFRSに関与した経験に基づいて―／山田　辰己	わが国における会計人材の育成と高等教育の在り方／近藤　雅人・高濱　滋・蓮尾　聡・山地　範明・山田　辰己；町田　祥弘

第7号テーマ『日本的経営とガバナンス』

- ■巻頭言　小西　範幸（青山学院大学大学院会計プロフェッション研究科長・教授）
- ■特集Ⅰ　対談「日本的経営とガバナンス」
  斉藤　惇（KKRジャパン会長）vs. 八田　進二（青山学院大学大学院会計プロフェッション研究科教授）
- ■特集Ⅱ　日本企業のグループマネジメントと会計情報の貢献
  「グローバル連結管理会計の現状と課題」窪田　祐一、「新たな経営コアコンピタンスとしてのデータマネジメント能力」南雲　岳彦、「グループ戦略とセグメント情報」平岡　秀福、「日本の自動車産業におけるビジネスのグローバル化と管理会計」今井　範行、「グローバルSCMのための管理会計情報の有用性」浜田　和樹、「グローバル企業の財務情報リスクとリスクマネジメント」高野　仁一、「組織間関係と管理会計」山口　直也
- ■特集Ⅲ　『日本的経営とガバナンス』の再検討
  「日本的経営とリスクテイク」中野　誠、「日本的経営と企業統治：ハイブリッドな構造のファインチューニングに向けて」宮島　英昭、「水素水とコーポレートガバナンス《改革》」福井　義高
- ■特集Ⅳ　日本的経営とガバナンス
  第一部　基調講演「ガバナンス議論の潮流－過去・現在、そして未来－」八田　進二
  第二部　パネル討論会
  〈コーディネータ〉町田　祥弘（青山学院大学大学院会計プロフェッション研究科教授）
  〈パネリスト〉磯山　友幸（経済ジャーナリスト）
  　　　　　　大崎　貞和（株式会社野村総合研究所未来創発センター主席研究員、東京大学客員教授）
  　　　　　　久保利　英明（日比谷パーク法律事務所代表弁護士、桐蔭法科大学院教授）
  　　　　　　関根　愛子（日本公認会計士協会会長）
  　　　　　　八田　進二（青山学院大学大学院会計プロフェッション研究科教授）

※執筆者及び登壇者・コーディネータの所属・肩書は発刊当時のものとなっております。

青山アカウンティング・レビュー
Aoyama Accounting Review
日本的経営とガバナンス
Vol.7
2017
2017.10.10 刊
定価（本体 2,100 円＋税）
ISBN 978-4-419-06477-8

上記のバックナンバーのご購入をご希望の際には、お近くの書店またはインターネット書店などにご注文ください。税務経理協会営業部でも、ご注文をお受けいたします（03-3953-3325）。
（別途、送料がかかります）

創刊号テーマ『日本経済の復活の鍵は、IFRSにあり！』

2012.1.10 刊　定価（本体 1,800 円＋税）　ISBN978-4-419-05760-2

- ■特集Ⅰ　対談「日本経済の復活の鍵は、IFRSにあり！」藤沼　亜起 vs. 八田　進二
- ■特集Ⅱ　IFRSと会計戦略
  「『IFRSに異議あり』に異議あり」橋本　尚、「IFRSの導入と概念フレームワークの役割」小西　範幸、「IASBでの10年間を振り返って」山田　辰己、「IFRSはどのようにして作られているのか」鶯地　隆継、「米国におけるIFRSの対応の現状」山田　善隆、「各国におけるIFRS導入に向けての取組みの状況」木内　仁志、「会計と通貨のグローバル・スタンダード―その類似点と相違点―」神藤　浩明、「当社におけるIFRSへの取組みについて」金井　広一
- ■特集Ⅲ　国際会計―過去・現在・未来
  「IFRSの誕生・成長・将来」中島　省吾、「IFRS導入に向けて―IFRSの回顧と展望―」川北　博、「IASCを創った人びとと理念」藤田　幸男

第2号テーマ『監査は不正を見抜けるか？』

2012.11.10 刊　定価（本体 2,200 円＋税）　ISBN978-4-419-05902-6

- ■特集Ⅰ　対談「監査は不正を見抜けるか？―監査に対する期待と現実―」久保利　英明 vs. 八田　進二
- ■特集Ⅱ　監査の現状と課題
  「三様監査の要は、監査役」松井　隆幸、「不正問題に対する監査上の取組みについて」町田　祥弘、「財務諸表監査と不正―監査人としての公認会計士の果たすべき役割・使命―」手塚　仙夫、「監査人の新しい期待GAP―不正発見の期待に応えて―」松永　幸廣、「証券市場から見た監査制度への期待」静　正樹、「資本市場からみた監査」引頭　麻実、「会計不正等に対応した監査基準の見直しについて」栗田　照久、「IAASBによる基準設定の動向と課題」関口　智和、「会計監査における監査人の義務と責任」黒沼　悦郎、「不正行為の監査における会計法制の役割」中東　正文
- ■特集Ⅲ　監査基準の過去・現在・未来
  「監査人の役割の明示」脇田　良一、「監査基準の精緻化」友杉　芳正
- ■特別企画第10回会計サミット「企業不正を巡る諸課題～その防止と発見を目指して～」
  〈コーディネータ〉八田　進二　〈パネリスト〉山崎　彰三、太田　順司、伏屋　和彦、斉藤　惇、國廣　正

バックナンバーのご案内

第3号テーマ『乱気流経済下の業績評価：会計は羅針盤になれるのか?』

2013.11.15 刊 定価（本体 2,000 円＋税） ISBN978-4-419-06048-0

■特集Ⅰ　対談「乱気流経済下の業績評価—会計は羅針盤になれるのか?—」大谷 邦夫 vs. 唐沢 昌敬
■特集Ⅱ　乱気流経済下の業績評価
「環境変化の中の戦略経営と人材経営（管理会計の貢献）」小倉 昇、「人本主義企業をめざす管理会計」水野 一郎、「アメーバ経営と経営改革〜部門別採算制度の導入〜」森田 直行、「乱気流経済下の業績評価システムの役割」丹生谷 晋、「企業価値創造経営の再評価　経営指標の観点から」本合 暁詩、「地方自治体の経営改革と公会計情報の活用—町田市の公会計制度改革の事例から—」鵜川 正樹
■特集Ⅲ　コストマネジメントの過去・現在・未来
「価値創造のコストマネジメントに向けて」山本 浩二、「原価管理からみた「原価計算基準」の呪縛」小沢 浩
■特集Ⅳ　「パブリックセクターのマネジメントと会計改革」
〈コーディネータ〉小倉 昇　〈パネリスト〉梶川 融、副島 建、樫谷 隆夫、小林 麻里、鵜川 正樹

第4号テーマ『法と会計：会計判断は法制度を超えられるか?』

2014.10.15 刊　定価（本体 2,000 円＋税） ISBN978-4-419-06172-2

■特集Ⅰ　対談「法と会計：会計判断は法制度を超えられるか?」松尾 直彦 vs. 八田 進二
■特集Ⅱ　法制度における会計
「裁判所は会計基準をどうみているのか−最近の動向を中心として」弥永 真生、「法と会計学との架橋−会社法が求める「公正な会計慣行」とは」重田 麻紀子、「会計基準等の法規範性と会計実務家の「リーガル・マインド」」尾崎 安央、「財務情報の拡張と開示制度」多賀谷 充、「租税方と会計における解釈・認定・適用の構造」佐藤 正勝、「会計の実質優先思考と租税法の解釈適用」小林 裕明
■特集Ⅲ　会計判断・監査判断・相当性の判断
「会計基準の法規範上の位置と基準開発」西川 郁生、「監査判断の変化とその課題」牟禮 恵美子、「会計監査人の監査の方法と結果の相当性と監査役」中村 直人
■特集Ⅳ　「IFRSの対応の将来像　わが国における主体的な取組みに向けて」
〈コーディネータ〉橋本 尚　〈パネリスト〉小賀坂 敦、阿部 泰久、関根 愛子、安井 良太、金井 広一

第5号テーマ『投資家との新たなコミュニケーション』

2015.10.1 刊 定価（本体 2,000 円＋税） ISBN978-4-419-06287-3

■特集Ⅰ　対談「投資家との新たなコミュニケーション」冨山 和彦 vs. 八田 進二
■特集Ⅱ　統合報告制度確立への展望と課題
「統合報告の現状と課題」小西 範幸・松山 将之・加藤 浩明、「持続的成長に向けた企業と投資家の対話促進について」畠山 多聞、「経営管理からみた統合報告の役割と課題」内山 哲彦、「統合報告書の作成・公表を通じた持続的な企業価値の向上」安藤 聡、「統合報告の信頼性の確保に向けた国際的な動向」山口 峰男、「アナリストからみた統合報告書への期待と課題」鈴木 行生
■特集Ⅲ　IFRSとガバナンス・コードに関する現状と課題
「IFRS対応の現状」橋本 尚、「IFRS対応の課題」徳賀 芳弘、「ガバナンス・コードの現状」北川 哲雄、「ガバナンス・コードの問題点」上村 達男
■特集Ⅳ　投資家との新たなコミュニケーション
〈コーディネータ〉多賀谷 充　〈パネリスト〉斉藤 惇、永田 雅仁、山田 治彦、川本 裕子、江原 伸好

第6号テーマ『これからの会計監査のあり方を考える』

2016.10.10 刊 定価（本体 2,000 円＋税） ISBN978-4-419-06400-6

■特集Ⅰ　対談「これからの会計監査のあり方を考える」池田 唯一 vs. 八田 進二
■特集Ⅱ　会計監査の在り方
「監査法人のガバナンス・コードの在り方」町田 祥弘、「信頼性確保のための監査法人における取組み」木村 浩一郎、「証券市場向け監査情報の充実」松本 祥尚、「財務諸表利用者から見た監査報告書の長文化・監査法人の透明性向上」吉井 一洋、「監査人の不正摘発力の向上」堀江 正之、「不正対応に求められる監査人のITスキル」中原 國尋、「監査事務所のローテーション制度の再検討」林 隆敏、「監査役等にとっての会計監査の品質管理」永田 雅仁、「監査環境整備のための企業の責任」蟹江 章、「高品質な会計監査の実現に向けて」石原 秀威
■特集Ⅲ　監査監督機関のこれまでとこれから
「監査監督機関国際フォーラムの揺籃期」脇田 良一、「会計監査への期待と監査当局の今後のあり方」佐々木 清隆
■特集Ⅳ　今、改めて問う　わが国の監査のあり方
〈コーディネータ〉町田 祥弘　〈パネリスト〉鈴木 康史、今給黎 真一、天谷 知子、野村 嘉浩、手塚 正彦

※各号の執筆者及び登壇者・コーディネータの当時の所属・肩書は省略しております。

Book Review

『IFRS教育の基礎研究』『IFRS教育の実践研究』

青山学院大学大学院
会計プロフェッション研究科 教授
小倉 昇

柴 健次編著
『IFRS教育の基礎研究』、
創成社、
2012年8月（全303ページ・3,500円＋税）

『IFRS教育の実践研究』、
創成社、
2013年2月（全223ページ・2,900円＋税）

1. この本の概要

　この本は、編著者がリーダーとして研究を取りまとめた日本会計研究学会のスタディ・グループ「IFRSの教育の研究」（2010年9月から2012年8月まで）の研究成果を発表したものである。2011年9月に開かれた同学会の大会で行われた中間報告を出版したものが、『IFRS教育の基礎研究』（以後、『基礎研究』と略称する）であり、その翌年の2012年8月の大会で行われた最終報告を出版したものが、『IFRS教育の実践研究』（以後、『実践研究』と略称する）である。まずは、それぞれの本の内容を概観しておこう。

　『基礎研究』は、研究プロジェクトの目的を説明した序章に続く3部の構成になっている。第1部は「IFRS教育の現状」というタイトルの下に、米国、イギリス、フランスなど7か国の会計教育の現状を解説している。第2部は「IFRS教育における史的考察の重要性とその課題」と名付けられ、西欧先進国の会計制度の発達史が解説されている。第3部は「IFRS教育のための基礎概念」と名付けられているが、実は「会計とは何か」というテーマをIFRSの導入を前提として解説している。説明するまでもないことであるが、IFRSは投資家に提供する会計情報を定義する基準である。投資家には、企業活動の成果である利益に関する情報と、投資対象である企業の姿を表現する情報が提供されなければならない。投資家に提供すべき利益情報と企業観を与える情報について、伝統的な考え方と近年の新しい考え方を比較する形でコンパクトに解説されている。

　『基礎研究』が3部構成で全18章という広範な内容を展開したのに対し、『実践研究』はひとつの提案を軸にした5章の構成というシンプルなつくりである。下に5つの章のタイトルを表示する。

第1章　会計教育のフレームワークの試案
第2章　提案：新・企業会計原則試案（IFRS版）
第3章　事例：JASBおよびIAAERによるIFRS教材の分析
第4章　事例：アメリカのIFRS教育の実際
第5章　事例：わが国のIFRS教育の実際

　第2章に記述されている「新・企業会計原則試案」（以後、「試案」と略称する）は、会計学習のか

なり高度な段階にきている者が、IFRSに最初に触れる際の教材として準備されたものである。研究グループは、IFRS教育の前に、それぞれの国で制度化されている個別の会計制度に基づく教育が必要であり、その次の進んだ段階としてIFRS教育が位置付けられるべきであると考えている。そのような教育にあたって、膨大なIFRSの基準書や概念フレームワークのすべてに目を通すことを要求するのは、効率的な教育方法ではないと判断した。比較的コンパクトでかつIFRSの本質を知るには不可欠の部分を包摂した教材であり、しかも国固有の会計制度をかなり高度な段階まで学習したものがなじんだ形で教材を提供することが、研究グループにできる貢献であるという結論に達したのである。

その意味で、第2章の「試案」こそが研究グループの成果である。第3章以下の実例は、「試案」のような教材が必要であったにもかかわらず、主な会計教育の場面では今まで使われていなかったことを示すための補助的な材料である。しかし、解釈の視点を換えれば、「試案」で示された教材はIFRS教育の入り口にすぎず、その先の教育体系も示しておく必要がある。IFRS教育の第2幕以降の選択肢を第3章以下で示したと読むこともできる。

通常、学会が実施する研究プロジェクトの中間報告と最終報告というものは、内容もかなり重複し、中間報告において研究プロジェクトの成果が部分的に紹介されているものである。ところが、『基礎研究』と『実践研究』の記述内容の間には、それらの共通性がほとんど見られない。編著者の柴健次氏が人選した研究グループが執筆したものであるので、背景には共通の問題意識が流れているが、内容は全く別の書籍といえるだろう。

次節以降では、それぞれの書籍の特徴を解説しよう。

2.『IFRS教育の基礎研究』の存在意義

先にも述べたように、第1部「IFRS教育の現状」、第2部「IFRS教育における史的考察の重要性とその課題」、第3部「IFRS教育のための基礎概念」という3部構成で記述されている。これらの各章は、IFRS教育という課題の輪郭を表現するために不可欠な役割を果たしており、3部を通読することによって研究グループに集まった大学教員たちの悩みが読者にも具体的に理解できる。

IFRSは国境を越えてグローバルに利用されることを求める基準ではあるが、国別に制度化されている既存の会計基準を排除するものではない。会計を職業に選ぼうと希望する学生たちは、IFRSさえ習得すれば会計の専門家として社会に受け入れられるものではなく、国別に異なる会計基準や会計制度を学んだ後に、IFRSの理解と知識を積み重ねなければならない。

国別の会計基準・制度とIFRSの相違点を教えればよいのではないかというアイデアもあるだろう。しかし、それは安直な考えであるとの認識から、大学教員の悩みが始まる。IFRSが採る原則主義や概念フレームワークなど一般論を学習させずに、各論である2つの会計基準の相違点を学生に理解させることが正しいIFRS教育にはならないからである。ここで、研究グループのメンバーは、この課題を会計教育に新しいスタイルを持ち込む契機だと理解した。

伝統的な会計教育が決算報告書作成の各論にこだわり、ともすれば会計基準や基準に適合した会計技術を無批判に記憶することを学生に押し付けていたことを批判的に振り返り、総論である体系的な会計モデルを最初に学習し、そこから演繹して各論の合理性を判断させるという「考える教育」を行う手段としてIFRS教育を考えようとしたのである。

第1部全133ページおよび第2部全82ページにおよぶ詳細な基礎調査の報告は、上述した大学教員の悩みを裏付ける資料でもあ

る。第2部に記述された会計制度の史的発展についての記述は、特に目新しい内容を含むものではない。第1部の「IFRS教育の現状」には、西欧、東アジア各国の会計教育の違いが反映されていて興味深いが、2011年に集められた資料であるので、今となっては適時性を欠くことは否定できない。しかし、第3部に記述された会計モデルの比較論は意欲的であり、執筆から7年たった現在でも斬新さを失っていない。IFRSに限定しなくとも、1990年代から始まった会計制度改革の流れあるいはその個別要素について大学で講義する際に、大学教員は伝統的な会計モデルと会計改革が目指す会計モデルを学生に解りやすく説明するという問題に心を砕いてきたと思う。第3部の記述は、大学教員が抱えるこのような課題に非常な有益な解を提供してくれている。

最後に、『実践研究』について評者の立場からコメントしておこう。この著書のコアは、第2章「提案：新・企業会計原則試案（IFRS版）」である。「IFRSを企業会計原則のようにコンパクトにかつ体系的にまとめる」（本書はしがき10ページ）という目的で、教材として作成されたものである。36ページに及ぶ長さを"コンパクト"と認めるかどうかは議論があるだろうが、国際会計の専門研究者の産出物だけあって内容は確かである。会計実務に堪えるとまではいえないが、教材としての信頼性は問題ないと思われる。

第2章を両脇から支えるのが、第1章「会計教育のフレームワークの試案」と第3章「事例：JASBおよびIAAERによるIFRS教材の分析」である。第1章の表向きの目的は、研究グループがたどりついた新しい会計教育の体系を説明することであるが、同時に第2章で示された試案のような教材の必要性を説くことである。残念ながら第1章の記述内容は前者に集中し、後者の視点に欠けている。それにくらべ、第3章はとてもよく第2章を引き立てている。IFRSをつまみ食いするのではなく、正面から取り上げた教育を考えるときに必要な教材と教育の取り組みの実例が第3章では紹介されている。このような文脈の中で活用されて初めて、第2章の試案もい価値が出るといえる。

これらの著書を通じて、研究プロジェクトに参加した大学教員の情熱が伝わり、研究成果として意欲的な提案が行われた。しかし、これらの著書が出版されてもう6～7年が経過している。この間に、「試案」を使った実証実験はどこの大学でも行われていないのだろうか。もし実験的教育が行われていれば、「試案」を教材として教育を受けた学生を採用した企業もあるだろう。今年の6月末には、IFRS導入を実行した日本企業と導入を決めた日本企業の合計が200社を超えたと報道されている。着実にIFRSに対応する能力を持つ人材へのニーズは拡大している。

大学で実験的なIFRS教育が行われ、教育を受けた人材を企業が採用することによって、実験的教育の成果を企業が評価をし、改善の要望を大学に提供する。そのような循環が報告されても不思議ではない時期に来ていると評者は思う。

小倉 昇（おぐら のぼる）

青山学院大学大学院会計プロフェッション研究科教授。
滋賀県生まれ。
1981年神戸大学大学院経営学研究科博士課程修了。
大分大学経済学部、東北大学経済学部、筑波大学大学院ビジネス科学研究科教授を経て、2011年4月より現職。
公認会計士試験委員（2003年～2007年）。
日本管理会計学会副会長（2008年～2010年）、青山学院大学大学院会計プロフェッション研究科長（2013年～2015年）。

Book Review

『続・税理士のための百箇条―実務と判断の指針―』
『税理士のための百箇条―実務と判断の指針―』

青山学院大学大学院
会計プロフェッション研究科 教授
佐藤 正勝

関根 稔著
『税理士のための百箇条―実務と判断の指針―』、
財経詳報社、
2013年4月（全201頁・1500円＋税）

『続・税理士のための百箇条―実務と判断の指針―』、
財経詳報社、
2014年10月（全201頁・1500円＋税）

1．本書を推薦する理由

本書は、税理士という職業は、研鑽を積み、自己を高めることによって、税理士自身の人生に誇りを持つことのできる素晴らしい職業であることを具体的に、説得的に記述している。したがって、会計人材の養成の趣旨に合致した本である。著者関根 稔氏（税理士、弁護士、公認会計士。以下「著者」という）の主張のうち、筆者が特に印象に残ったのは、次の2から5である。以下、著者の2013年の著書を「関根著」、2014年の著書を「関根著・続」という。

2．税法条文は、その立法趣旨を追求せよ！

著者が、「立法趣旨を追求せよ」と主張する理由は、次の(1)に述べる背景から、次の(2)に述べることが必要となる点にある。

(1) 税法条文は、長く、複雑で、技術的で、計算的な表現が多用されるので、条文から直接的にその意味を把握することは難しい！

税法は、「一読難解、二読誤解、三読不可解」などといわれる。そのようにいわれる理由は、次のとおりである。まず、例えば一つの文章が800字〜1000字から成る場合もある。さらに、一つの条文が数万字から成る条文もある。これでは、一読での理解は困難である。

次に、条文の中に、「（　）」（括弧）がいくつも出てくるし、ある一つの括弧の中に別の括弧がでてきたりする。また、「○○○を除く」という表現、「政令で定める○○○」という表現が頻発するので、複雑でもある。

さらに、例えば「○○○は、次のイからハまでの合計額から、次のニからヘまでの合計額を控除した金額とする。」というような条文、すなわち算式を単に文章化したような条文が多い。しかも、その計算をすることが、何を目的とした計算なのかは、通常条文自体には記述されない。そのため、その条文の趣旨が、条文から直接は読み取れないことが多い。

(2) 税法条文の解釈は、立法趣旨にまで、さかぼって理解することが必須である！

民法の規定の内容は社会常識が規定されているだけである。したがって、理解が容易である。しかし、税法は、社会常識では必ずしも理解できないことが規定されていることが多い。その意味は、次

のとおりである。まず、民法では例えば金銭の貸主Aが金銭を貸したら、借り主のBは、それを返却してもらえるということを定める。すなわち、民法は、当たり前の社会常識を定める。他方、税法では、A社が無利息で金銭を貸し付けたら、その無利息相当額は、借り主のB社ではなく、貸主のA社が利息を受領したものとしてその無利息相当額を、（貸主側たる）A社に課税する（関根著7頁）という解釈が通説である。この通説は、税法条文から直接的には、導き出せない。すなわち、解説等を読むことによって、理解できるに過ぎない。したがって、結論としていえるのは、税法は、税法特有の規定の趣旨をまずは把握しないと、条文を理解したとは言えないことになる。このことが、すなわち、著者の次の結論につながる（関根著6-7頁）。「税法は理屈を理解してしまえば、おのずから答えが出てくるのが、税法の解釈なのだ。」「したがって、税法を暗記する必要は全くない。理解すればよい」

（注）前述(1)及び(2)で、税法条文から直接立法趣旨を知ることが難しい旨述べた。しかし、このことは、「税理士が実務の現場で課税の有無等の処理をする場合、多くのケースにおいて困難にぶつかる」ということを意味するものではない。なぜなら、税務の世界においては、詳細かつ広範に、解釈通達、事務運営指針が出され、さらに、参考事例による解説などが多く出されているからである。このような解説により、事案の多くは、正しく処理することが可能である。すなわち、税法の世界を、他の法分野と比較すると、こうした解説の充実度は群を抜いる（以上のことは、税が財産権の侵害という憲法上の問題と関係するが、ここでは深入りしない）。したがって、こまめに通達等の収集と読破という努力を怠らない限り、事案の処理は、多くの場合は、可能になる。

3. 世の中は税法主導！

税法、特に所得課税に関する税法は、取引を対象とする。したがって、取引そのものを定める民法、会社法が改正されると、通常は、税法も改正される。しかし、ここで言いたいのは、税法が改正されない間は、新しい取引、すなわち民法の改正条文も会社法の改正条文も、（すべてではないが）現実の世界では動き出さない、ということである。そのような意味で、税法主導（tax driven）なのである（関根著168-169頁）。「税法条文の登場を待ってすべてが動き出すという世界に浸ることのできる税理士の仕事こそが、世の中を主導しているのだ」と言ったら、言い過ぎだろうか？

4. クリエイティブな仕事、それが税理士業！

税理士は、例えば次のように、クリエイティブな仕事をすることができる。相続税の事前対策の場面、例えば事前贈与のやり方についてクライアントから求められた場合は、次のような様々な選択肢を提案することになる（関根著64-65頁）。まず、①相続時精算課税制度の利用の是非、次に、②信託（遺言代用信託）の利用の是非、③一般社団法人の利用（筆者注：平成30年度改正で一定の制限が加えられている）、④会社分割の利用の是非、など、種々の候補の中から、クライアントに最も相応しい手法を考案し提案するのが、税理士の仕事である。なお、考案する際には、クライアントの人生（例：クライアントが、後述5にいう養子の採用に肯定的な人生を歩むのか、否定的な人生を歩むのか、など）に思いをめぐらすことが重要である（関根著「続」10-11頁参照）。この点、弁護士の仕事は、税理士の仕事とは、異なるように思われる。すなわち、弁護士は、争いに関して、証拠の強弱や、訴訟相手のミスを追及するという側面の強い仕事であるように思われる。他方、税理士は、例えば前述①から④のような多くのメニューを横目でみながら、最もクライアント（の人生の価値の実現）に相応しいものを探し、作り出していく。すなわち、税理士の仕事は、クリエイティブで、人の人生の価値実現に役立つ、したがって、仕事に誇りを持つことができる、素晴らしい職業である。

5.「倫理」を判断基準にすることができる税理士の職業は素晴らしい！

弁護士は、依頼者の利益のために主張し、活動する。（弁護士

は依頼者からの仕事を断ることもできるが）仮に嘘つきの依頼者の弁護を引き受けた弁護士であっても、基本的に、依頼者の利益を代弁することになる。すなわち、弁護士は、「（依頼者主張の事実とは別に存在するかもしれないであろう）真実の事実を究明し、（依頼者の主張と異なる）別の真実の事実を主張する」などということはない。ただただ、依頼者の利益になるように主張するのであり、筆者のいう真実の事実の追求や正義の実現とは、リモートな職業のように思われる（「弁護士は正義を知る必要がない」関根著124－125頁、144－145頁参照）。なお、弁護士に倫理が必要ないということではない。前述の意味での弁護士業務の範囲内での弁護士倫理は、当然に守られなければならない。

他方、税理士にとって、クライアントの立場に立つことは、税理士法の趣旨に反するとされる。すなわち、税理士は、納税者の立場でなく、また、当然に税務当局の立場でもなく、「独立した公正な立場」に立つことが税理士の使命となっている（税理士法第1条）。ということは、税理士に対して次のことを示唆する。すなわち、まず、節税といわれる様々な手法（例：かつて流行った養子による節税など）について、（養子を増やして）納税額を減らすことができるならその節税スキームを実行

してほしいと思うのが、納税者というものの常である。しかし、将来もし、その養子が成人して婚姻することになった段階で、戸籍の汚れが、ケースによってはマイナスの事態を引き起こす可能性も否定はできない。すなわち、税理士は、納税者の節税オリエンテットな思考に安易の乗っかるのは、問題である。それを避けるためには、税理士は、その節税手法の問題点などを「納税義務の適正な実現を図る」（税理士法第1条）などの観点から、判断できる訓練をしておくべきことになる。すなわち、税理士としてもつべき「倫理」の観点からクライアントに対して十分に説明する能力を有する必要がある（関根著156－157頁参照）。租税正義ないし倫理的に高度の判断をすることが義務になっている税理士の仕事は、なんと高尚な、誇り高き仕事であろうか。単なる記帳代行ではなく、このような高尚な思考を伴う税理士業務のコアな部分は、IT技術やロボットが進展したとしても、奪われることはあり得ない。税理士に定年がないことも考え合わせると、一生に亘って、意義のある仕事に従事できることは、とても素晴らしいことである。

6. 最後に

前述5までに、税理士という職業が誇り高き、素晴らしいもの

であることを述べてきた。関根著は、このことを具体的に、弁護士等の職業等との比較により、示している。人材の養成に最も必要なことは、税理士本人にやる気を起こさせることである。これだけの素晴らしい職業であることを真に理解した税理士は、自己を高めるための研鑽を積む強力なインセンティブを持つことができるはずである。税理士業務のコアな部分の将来は、今後も、明るく、夢のある、誇り高き職業である。

佐藤 正勝（さとう まさかつ）
青山学院大学大学院会計プロフェッション研究科教授。
東京都立大学卒業。大蔵省、国税庁、国税局、税務署勤務後、亜細亜大学法学部教授を経て2015年4月から現職。
佐藤正勝基本テキストシリーズ国際租税法においては、「基礎体系編」、「個別制度編」などの著書がある。

Relay Essay

第四次産業革命に伴う働き方の変化
次代の会計プロフェッションへのメッセージ

青山学院大学大学院
会計プロフェッション研究科 准教授
山口 直也

最近話題となっているものに、AI（artificial intelligence（人工知能））の進化による労働代替の議論が挙げられる。これまで人が担ってきた業務が、AIの進化によってどの程度自動化されるのか、その結果、人による労働のあり方がどのように変化するのかについて、関心が高まっている。

多くの人がこのことに関心を寄せるきっかけとなったのが、オックスフォード大学のCarl Benedikt FreyとMichael A. Osborneの両氏が2013年に公表した"The Future of Employment：How Susceptible are Jobs to Computerisation？"という論文であろう。

本論文では、自動化の障壁となる9つの仕事特性を抽出し、702種類の職種について、各職種に必要なスキルはどのようなもので、そのスキルをコンピューターがどれだけ自動化できるかを調べ、自動化される可能性を推計している。分析の結果、米国における全雇用の約47％が、今後10～20年間に自動化されるおそれが高いカテゴリーに分類されると結論付けている。また、輸送・物流に関連するほとんどの労働者は自動化のリスクにさらさらされるが、サービス業における雇用のかなりの部分も自動化のリスクにさらされるとし、将来的に労働市場で生き残るためには、創造的スキル（creative skills）と社会的スキル（social skills）を獲得する必要があると論じている。

本論文では、702種類の職種について、自動化される可能性に応じて、自動化されるリスクが最も低い職業（1位）から最も高い職業（702位）まで順位付けを行っている。会計分野については、"Bookkeeping, Accounting and Auditing Clerks"という名称で671位に順位付けされており、自動化される可能性は98％と推計している。

一方、AIの進化を含む、近年におけるめざましい技術革新は、第四次産業革命と位置付けられている。世界経済フォーラムの創設者であり会長であるKlaus Schwab氏が著した"The Fourth Industrial Revolution"によれば、第四次産業革命は今世紀に入ってから始まったデジタル革命の上に成り立っており、これを特徴づけるのが、これまでとは比較にならないほど偏在化し、モバイル化したインターネット、小型化し強力になったセンサーの低価格化、AI、機械学習であるとしている。

本書では、第四次産業革命が経済、企業、国家と世界、社会、個人に及ぼす影響について論じている。このうち、経済に及ぼす影響として、成長と雇用の二つの側面を取り上げている。雇用については、新たな技術が労働の性質を劇的に変えるとした上で、John Maynard Keynesが1931年に発した、「労働力の新たな活用法を見つけるペースを上回る労働力の効率的利用法の発見」を原因とする広範囲の技術的失業に関する警句をもとに、技術が雇用にもたら

す効果には「破壊効果（技術がもたらす混乱と自動化は労働の代わりに資本を用いる）」と「資本化効果（破壊効果は新たな製品やサービスに対する需要を増加させ、新たな職業、ビジネス、さらに産業の創出につながる）」という二つの競合効果があるとし、多くの産業と職種で、今後数十年間に労働代替的なイノベーションの波が発生するだろうと論じている。

また、第四次産業革命以外に、人口圧力、地政学的シフト、新たな社会的・文化的規範といった非技術的要素も契機となって、新たな役割や職業が生み出され、将来的には、資本以上に才能が重要な生産要素になり、イノベーションや競争力、成長の大きな妨げとなるのは資本の有無ではなく、熟練労働力の不足になる可能性があるとしている。

さらに、才能が重要な生産要素となることから、第四次産業革命の下での「高スキル」の意味合いを再考しなければならないとしている。具体的には、熟練労働に関する従来の定義は、「高度教育や専門教育の存在」と、「職業や専門分野内で定義された一連の能力」に依存していたが、高まる技術変化の速度を考えると、第四次産業革命で要求される労働者の能力とは、継続的適応と多様な状況下での新スキルとアプローチの習得であろうと論じている。

両者の議論に共通するのは、デジタル技術の飛躍的な発展に伴い、労働のあり方が今後、劇的に変化するであろうということである。Frey＝Osborne論文では、会計業務について自動化される可能性が非常に高いとしているが、実際に、会計監査の領域においては、AIやビッグデータを活用しようという動きが徐々に広がっている。

監査法人トーマツは、「オーディット・アナリティクス」と呼ぶビッグデータを活用したシステムを開発し、不正リスクの早期発見につなげるために活用している（日本経済新聞朝刊2016年12月22日付）。新日本監査法人も、企業会計の異常値をAIが検出するシステムを開発した（日本経済新聞朝刊2016年11月21日付、2017年11月6日付）。

今後、デジタル技術の飛躍的な能力向上に伴い、会計監査をはじめ、会計の専門知識を必要とする各専門業務においても、デジタル技術の広範囲な活用が進むことは避けられない。会計プロフェッションが、会計を基礎とした高度な専門能力を有する人材として引き続き活躍していくためには、自らに求められる専門能力を絶えず再定義して、継続的な能力形成を図り、自ら「資本化効果」を生み出していくことが不可欠である。

山口 直也（やまぐち なおや）

青山学院大学大学院会計プロフェッション研究科准教授。
北海道大学経済学部卒業、北海道大学大学院経済学研究科博士後期課程単位取得退学、新潟大学経済学部講師、新潟大学人文社会・教育科学系准教授（大学院現代社会文化研究科・経済学部担当）を経て、2014年4月より現職。

Relay Essay

「フィデューシャリーとしての自覚と誇りを」
次代の会計プロフェッションへのメッセージ

青山学院大学大学院
会計プロフェッション研究科 教授
重田 麻紀子

最近、「フィデューシャリー・デューティー」という言葉を目にしたことがあるだろうか。本年2月に、高校生が金融や経済の知識や思考力を競い合う、「第12回全国高校生金融経済クイズ選手権」、通称「エコノミクス甲子園」(主催：認定NPO法人金融知力普及協会)での決勝の最終問題として、「フィデューシャリー・デューティーについて正しく説明されているのはどれか？」という5択問題が出題された。

そもそも、フィデューシャリー・デューティー(fiduciary duty)とは、イギリスにおいて、特に18世紀以降、信託の分野で発展した概念である。もともとは、他人の財産管理を委託された信託受託者に対して、イギリスの裁判所で、自己の利益を受益者の利益より優先させてはならないという厳格な受託者責任、すなわちフィデューシャリー・デューティーを課す考え方が打ち出され、イギリス法を継受するアメリカ、カナダ、オーストラリア、ニュージーランドなどの判例法国家においても、Fiduciary Lawという名で一つの法分野として確立され、定着している。

一般にフィデューシャリーとは、「他者から信頼を受けて、与えられた権限に基づいて行動する者」のことを意味する。フィデューシャリーとその者を信頼し権限を与えた者との関係は、「信認関係」(fiduciary relationship)と呼ばれ、フィデューシャリーは、自分の地位や権限を濫用し、自分を信頼してくれた者を裏切ることのないよう、フィデューシャリー・デューティーが課せられる。

こうしたフィデューシャリー・デューティーの考え方は、私たち日本人からすると外国で議論されている遠い話のように聞こえるが、すでに1990年代には年金分野において、そして今日では、日本の金融業界においては浸透し始めている。

金融庁が2014年に発表した「平成26事務年度 金融モニタリング基本方針」では、「商品開発、販売、運用、資産管理それぞれに携わる金融機関がその役割・責任(フィデューシャリー・デューティー)を実際に果たすことが求められる」としている。ここでは、金融機関に対し、フィデューシャリー・デューティーなる幅広い様々な役割・責任を要請し、顧客の視点に立った金融商品の提供などを求めているのである。

英米の裁判例では、ある特定の地位にある者については、その地位の性質上、フィデューシャリーとして位置づけられている。たとえば、信託受託者をはじめ、代理人、弁護士、医師、会社の取締役・発起人などがその典型である。さらに近年は、こうしたフィデューシャリーの典型とされる者の他にも、広くフィデューシャリー・デューティーの考え方を押し進める傾向にある。どういうことかと言えば、自らの専門性に対して他者から信頼を受け、一定の

任務を遂行するという関係性があれば、そこに「信認関係」を類推し、信頼を受けた者をフィデューシャリーとして捉えていくのである。たとえば、英米などでは、金融機関が、自らの専門知識に対し信頼を寄せられ、顧客のため行動してくれるとの期待を受け、金融・投資上のアドバイスを顧客に与える場合、金融機関をフィデューシャリーとして認める判決が多く散見される。つまり、専門的知識を有する者は、通常、他者からの信頼を得て特定の任務を引き受けている以上、他者の利益を最優先に考えて行動をしなければならないという考え方が、英米では強く認識されてきているのである。

こうしたフィデューシャリー・デューティーの考え方は、まさしく、会計プロフェッションをはじめとする専門職に就く者に広く当てはまる。多くの専門職は、専門知識・技能を有することを理由に、依頼者から信頼を受けて、一定の権限と裁量が与えられるのが通常である。したがって、専門職はフィデューシャリーとして、依頼者との間に信認関係が生じ、依頼者の利益のため最大の努力をもって尽くさなければならないといえるのである。

資本主義社会は無数の契約関係によって成り立っている。契約関係においては、対等な立場・条件にある当事者同士が、お互いに自己の利益を追求し合うことが想定されている。しかし、契約関係にあっても、一定の専門知識を有する専門職とその依頼者のように、知識や技能の面で決して対等ではないところから出発し、関係が構築される場合が少なくないのが現状である。

そこで、こうした契約当事者が初めから対等な関係にない場合、そこに信認関係を入り込ませ、優位な地位にある者をフィデューシャリーとして位置づけ、非倫理的な行動をしないよう抑制することが必要なのである。

信認関係は、契約関係とは別個の関係として理解されているから、専門職にある者は、専門的サービスの提供を受任する契約を締結すると、依頼者との間には、契約関係に加えて、信認関係もそこに生じることになるのである。それゆえ、契約に書いてあろうがなかろうが、専門職にある者は、受任した業務においては、自分の利益より依頼者の利益を優先させなければならないことを強く覚悟し行動していかねばならないのである。自己が所属する職業団体が掲げる職業倫理により他律的に規律づけされる前に、フィデューシャリーとして自覚し、依頼者のために、自ら倫理的な判断や行動をすることが求められる。

日本では、フィデューシャリー・デューティーをめぐる横断的なFiduciary Law という法の枠組みは未だ整備されてはいない。民法上の善管注意義務や会社法上の取締役の忠実義務がその拠り所としてあるにすぎない。しかし、今後、フィデューシャリー・デューティーの考え方は、グローバル・スタンダードとして、日本においても多方面で波及していく議論となるであろう。その意味でも、専門職は依頼者に対して、単なる受任者という意識だけでなく、フィデューシャリーという新たな顔を持つことを認識すべき時代にあるといえる。単に依頼者から指示されたことを行うだけでなく、他者から信頼を受けることの誇りと自覚をもって、自分を信頼して任務を託してくれた者が何を期待しているのかを見極め、依頼者にとって最善の利益を究極的に追求していかねばならない。しかし、そこには、決して難しい技術は要らない。ただ、人間らしい思考力が問われるにすぎないのであるから。

重田 麻紀子（しげた まきこ）
青山学院大学大学院会計プロフェッション研究科教授。
慶應義塾大学大学院法学研究科後期博士課程単位取得退学。博士（法学）（慶應義塾大学）。横浜市立大学国際総合科学部経営科学系准教授、青山学院大学大学院会計プロフェッション研究科准教授を経て、現職。2017-2018 年英国エディンバラ大学ロースクール客員研究員。
専門分野は会社法、商法。
最近の著書（分担執筆）として、石山卓磨編『検証判例会社法』（財経詳報社、2017 年）、柳明昌編『プレステップ会社法』（弘文堂、近刊）ほか。

＜創刊の趣旨＞

　歴史を紐解くまでもなく、会計は、accountingの原語の語義にもあるように、「説明する」という行為そのものであり、単に簿記や経理処理を指すものではない。しかしながら、わが国にあっては、簿記の技術的なテクニックや会計基準の高度な専門知識ばかりが喧伝され、会計の持つ真のチカラがビジネス社会や学校教育の場において認知されて来なかったのではないだろうか。

　青山学院大学会計プロフェッション研究科は、2005年に設立された会計専門職大学院であり、われわれは次代の会計プロフェッションを養成するために本研究科に集い、日々、次代を担う人々の教育に身を捧げてきている。われわれは、これまでも、会計を巡るさまざまなシンポジウムやセミナー、あるいは学会の開催を行ってきたが、それらは、会計の専門家や会計に精通した学界・実務界の人々を対象にしたものであったことは否めない。幸いにも、そうした取組みは、十分に当初の目的を達してきたとの自負を持っているものの、一方で、わが国経済の中核を担うビジネス・パーソンや会計系列以外の学生等への働きかけが足りなかったのではないか、との思いがある。会計に対する正しい理解、ひいては会計人口の裾野の拡大は、そうした一般社会に対する地道な啓発活動の中でこそ、培われていくものであろう。

　まさに本年は、わが国が大震災に見舞われる中で適時な情報開示や説明責任の問題が問い直されるとともに、会計の領域では、IFRSの導入に対して、わが国のあり方が世界から注目を集めていることから、われわれは、広くわが国の一般ビジネス・パーソンや多くの学生等に対して、会計分野における本質的かつ基本的な論点を掲げ、第一線の執筆陣による論考を掲載することを期して、本『青山アカウンティング・レビュー』を創刊することとしたのである。　　　　　　　　　　　　（2012年1月10日）

編集後記

　本年度の『青山アカウンティング・レビュー』Vol.8は、「収益の認識」と「会計教育」のダブル・テーマとした。

　特集Ⅰでは、「収益の認識―何が変わって、何が変わらないのか―」をテーマに、2018年3月に企業会計基準委員会より公表された「収益認識に関する基準」等をもとに、企業会計基準委員長の小野行雄氏と、国際会計基準の動向を研究して来られた本学教員の橋本　尚教授の対談を掲載している。収益認識基準は、小野委員長がその第1期の任期を通して取り組んでこられたテーマであることから、基準公表の背景や基準設定主体としての判断について、さまざまな意見を伺うことができた。また、小野委員長がこうした対談に登場するのは珍しいことであることから、貴重な対談ということができよう。

　また、昨年度まで、対談者としてほとんどの号で登場していた八田進二教授が2018年3月で定年退職されたため、本号からは、当会計プロフェッション研究科の教員が、それぞれの研究領域に応じて、対談に臨む態勢となった。今回の橋本教授は、その第1号でもある。

　特集Ⅱでは、特集Ⅰと同様に、収益認識基準について、学者や実務家に、その課題や影響について、それぞれの関心の焦点をご寄稿いただいた。いずれも興味深い論稿であり、収益認識基準についてのさまざまな見方を提供できているものと思われる。

　特集Ⅲ及び青山学院「会計サミット」の模様を所収した特集Ⅳの中心は、会計教育をテーマとしている。本研究科が、倫理観に裏付けられた、高度な会計知識と実践的な会計教育を標榜する会計大学院である以上、折に触れて、会計教育の問題を取り上げていくことは避けられない。とくに青山学院「会計サミット」は、八田教授が去られて最初の開催ということもあって、敢えて原点回帰を図ったという次第である。

　本誌掲載の各特集、各論稿が、「収益の認識」及び「会計教育」について、新たな視点を提供し、議論を惹起する者であることを期待している。

　最後に、本号の刊行に当たっても、税務経理協会の鈴木利美氏の多大なご尽力を賜った。心より感謝申し上げたい。

　　　　　　　　　　　　　　　　　　（Diana）

Aoyama Accounting Review vol.8 :
Contents

The Main of This Issue : **Revenue Recognition**
The Development of Accounting Human Resources and the Ways of Advanced Education in Japan

the accounting to think about／Noriyuki KONISHI

Feature I
Discussion on the Topic

Revenue Recognition : Continuity and Change／Yukio ONO vs. Takashi HASHIMOTO

Feature II
To Review the Standards of Revenue Recognition

Identifying Pattern of Revenue Recognition - Positioning Grant of License／Kenichi AKIBA

The Rationality of Theoretical Explanation about Construction Progression Standards in the Accounting Standards of Revenue Recognition／Kouji KURATA

New requirements in revenue recognition and the basic concepts underlying the system of accounting standards／Masaki YONEYAMA

A connection and difference between the accounting standards for revenue recognition and the annual attribution principles of tax laws／Hiroaki KOBAYASHI

Accounting Standard for Revenue recognition and Financial Statements Audit／Masayuki AIDA

Feature III
To Review the Development of Accounting Human Resources in Japan

The Development of Accounting Human Resources and Accounting Education／Kenji SHIBA

Education of Graduate Schools for Professional Accountancy : the Past, Present, and the Future／Eiji HISAMOCHI

Feature IV
The 16th Aoyama Gakuin Accounting Summit : The Development of Accounting Human Resources and the Ways of Advanced Education in Japan

International human resource development and education : Based on insights drawn from the IFRS setting experience／Tatumi YAMADA

Symposium on Accounting Summit :

Book Review

"A Fundamental study on the IFRS Education" "A Practical Study on the IFRS Education"／Noboru OGURA

"One-Hundred Attributes to Certified Tax Accountant—Judging Criteria in Practice—" "One-Hundred Attributes to Certified Tax Accountant—Judging Criteria in Practice— : Part II"／Masakatu Sato

Relay Essay
Message to the Future Accounting Profession

Change of the state of human work accompanying the Fourth Industrial Revolution／Naoya YAMAGUCHI

Consciousness and Pride as Fiduciary／Makiko SHIGETA

企画編集者との契約により検印省略		
2018年11月10日 初版発行	Aoyama Accounting Review 青山アカウンティング・レビュー 第8号	
	企画編集	青山学院大学大学院 会計プロフェッション研究センター
	発 行 者	大　坪　克　行
	製版・印刷	株式会社　技秀堂
	製 本 所	株式会社　技秀堂

発 行 所	〒161-0033 東京都新宿区 下落合2丁目5番13号 振　替 00190-2-187408 ＦＡＸ (03) 3565-3391	株式 会社 税務経理協会 電話 (03)3953-3301（編集部） 　　 (03)3953-3325（営業部）

URL　http://www.zeikei.co.jp/
乱丁・落丁の場合は，お取替えいたします。

Ⓒ　青山学院大学大学院会計プロフェッション研究センター　2018　　Printed in Japan

本書の無断複写は著作権法上での例外を除き禁じられています。複写される
場合は，そのつど事前に，（社）出版者著作権管理機構（電話 03-3513-6969,
FAX 03-3513-6979, e-mail：info@jcopy.or.jp）の許諾を得てください。

JCOPY ＜（社）出版者著作権管理機構 委託出版物＞

ISBN978-4-419-06600-0　C3034